玄門真宗

新地獄遊記

三世因果一世清

玄興教尊 ◎著

作者序

前世、今生、血源

「三世因果」乍聽之下，感覺滿熟悉親切的詞句，怎會有如此的感覺呢？原來在這網路資訊發達、媒體電台如雨後春筍般蓬勃發展的社會，隨時都有機會接觸到，電視、收音機中命理叩應節目比比皆是，而民俗節目之談古說今、指點迷津，宗教節目之論經弘法、解惑人生，經常提及造成目前事業之困境、家庭之爭端、身體之病痛、婚姻之破裂、錢財之窘迫、子女之不孝、婆媳之不合、考試之落榜、意外之災難、血光之折磨…凡此種種人生所面臨到的問題，各節目中的所謂專家學者、修道師父都會有不同的看法與解答，而此解答中最為常見的答案就是「三世因果。」也就是說「前世因、今生果。」簡單的說就是「種瓜得瓜、種豆得豆」的道理，套用一句俗話就是「各人造業各人擔。」

而此所論的三世因果即「前世、今生、來世。」正如經典所說的「欲知前世因，今生受者是；欲知來世果，今生做者是。」然而，今生所發生一切病痛災難、血光意外之不如意事，真的只受前世今生所種下的「因」而影響嗎？「因果循環」是不容置疑的自然法則，但是結成此果的因，真的只是前世今生之一切作為所造成的嗎？我想未必盡然，其中還有一項因素卻經常為人所疏忽的，那就是血源（即醫學所稱的DNA），也就是民間所說的「祖源。」根據醫學研究報告，人有很多種疾病如糖尿病、高血壓、蠶豆症、血友病、地中海型貧血……等等，都會受父母或祖父母直接或隔代的遺傳，雖然未必出生即會顯現此種種之疾病，但這些人一生中患此病的機率卻遠比其他人高出許多。因此「三世因果」除一般人所認知的「前世、今生、來世。」本書各章節中所謂的「三世因果。」將以「前世、今生、血源」的架構為論述重點。

第一章 戲戲劇開場囉

（淺談前世 今生 血源）

前言

有些人一談及三世因果、拜神禮佛、吃齋誦經、行功布德、修行靜坐、業債果報，不是抱持懷疑態度，就是認為無稽之談，更甚而嗤之以鼻，以不屑的眼光看你，用鄙視的態度嘲笑你。在其眼中總認為拜神無用，修行是消極不負責任的態度，禮佛是逃避不敢面對現實的行徑，凡事都是自己努力奮鬥的成果，與因業果報毫無相關。

不過佛家經典提及「佛說三世因果難逃離，唯求造功懺悔化業能。」人生在世，貧富貴賤、賢愚美醜，人人皆有差異。有人一帆風順，有人卻在驚濤駭浪中掙扎；有人位高權重功成名就，有人努力打拼奮鬥一生卻在哀怨中度過殘生，何以都生而為人，但人生起落差異卻如此之大呢？有些人努力認真但卻毫無所獲，有些人稍微付出卻滿載而歸。又怎會如此呢？難道是上天不公嗎？還是神佛有私偏呢？我想大自然有它一定的規律，老天也自有相當的法則，就好像佛光普照是毫無分別的。

因此這其中的差異，我想是受血緣、前世與今生等三大因素所影響與左右。所謂「種瓜得瓜、種豆得豆。」有些人上輩子做了許多善事幫助了很多孤苦無依的人，而有些人卻盡幹一些見不得人的事或盡是欺負一些弱小無助的窮苦人家，想想在上輩子所做的一切竟是如此的天差地別，當再度投胎為人時，所受的果報當然會有所不同。

再說，既然轉世為人，是否珍惜得來不易的善因緣，是否盡了做人的本分，是否積極修正了自己的一些不良習慣，是否做了一些利人利己的事，是否對自己對家庭對社會甚至對國家都盡了心力，凡此種種態度也必然會對今生的成就有所影響。

最後談到血緣，也就是祖源，為人子孫對於祖源的脈流、世系的釐清、祖先的一切冤結是否也盡力處理而問心無愧了。造什麼業因，便受什麼果報，天理昭彰，絲毫不爽。莫怨他人好，莫悲自己哀，放下埋怨不滿的情緒，由此三方面思索探討，相信會給自己一個滿意的答案。

第一節

笑問客從何處來（我來自何方）

一般人除了知道從父母的肚子生下來以外，似乎也未曾認真去思考過生從哪裡來、死往何處去的人生問題。

小明剛上幼稚園不久，有一天下課時間與同學在操場玩耍，小華突然問小明說：「你是從哪裡生出來的？」站在一旁的小弘調皮的說：「他是從老鼠洞鑽出來的。」小英接著說：「不對！他是從樹上掉下來的。」就在大家七嘴八舌的鬧來鬧去，小明嘟著嘴哭著跑開了。經過一天的悶悶不樂，好不容易等到放學鐘聲響起，小明便急忙的趕回家，一進家門便嚎啕大哭，而且委屈的抱著媽媽問說：「我是從哪裡跑出來的？」媽媽很和藹的說：「當然是從媽媽的肚子裡生出來的。」

這是每位小孩子在成長過程中最容易提出的疑問，也是令大人最難回答的問題，大多數的爸媽回答的答案會和小明的媽媽一樣，但也有父母會說：去問爸爸、去問奶奶、去問老師。當然也有父母會回說：「等你長大後就會知道。」甚至有父母會不耐煩的回說：「你問我，我要問誰？」的確，這真是難以回答，因為一般人除了知道從父母的肚子生下來以外，似乎也未曾認真去思考過此類生從哪裡來、死往何處去的人生問題，因此找不到其他更合適更貼切的答案，那是可以理解的。

然而我們從哪裡來？將來又要去哪裡？甚至是要來做什麼？相信大家是茫茫然的。清順治皇帝曾說：「未曾生我誰是我，生我之時我是誰，來時歡喜去時悲，闔眼矇矓又是誰。」真是道出了大家積壓在心中已久的問題。

我是誰？我來自何方？

在人的累世因緣中，生與死始終相伴而更迭之，不論你是否願意或心有不甘，皆在生死死生中來去，猶如春去夏至，秋走冬來。四時之更替，自然之循環，任誰也無法選擇或逃避。人死後，軀殼猶如其他動物一般，回歸大自然，塵歸塵、土歸土。往時的談吐韻味，昔日的風采姿態亦隨肉體之沒而逐漸消失於天地蒼穹之中，留給世人的也許只有無限的不捨與深深的懷念，而帶給親人的往往亦只是無盡的痛苦與難抑的哀傷吧！寒山子言：「欲識生死譬，且將冰水比，水結即成冰，冰消返成水，已死必應生，出生還復死，冰水不相傷，生死還雙美。」如此的循環返復，難道就無解脫之道嗎？

「萬般帶不走，唯有業隨身。」錢財黃金鑽石，當兩腿一伸時，何人帶得走，不論是販夫走卒，亦或是達官顯要最終皆是黃土一堆，然而一世甚或累世之業，卻無法隨臭皮囊的消失而一筆勾消。「行藏虛實自家知，禍福因由更問誰，善惡到頭終有報，只爭來早與來遲。」

如何跳脫輪迴的噩夢、如何無債一身輕、如何體證生命之根源、又如何三世因果一世清，實在是值得我們去追尋與探討。

第二節
吃果子拜樹頭——飲水思源（血源）

血源也可說是祖源，它對我們的影響可以從陰陽兩面來說，所謂陰面，就是指已經往生的祖先，他們的名分歸屬是否俱足、冤結是否化解、糾纏是否理順、世系沿流是否釐清、靈元是否安住…等等。而陽面，則是指活著的父母、祖父母等長輩的言教、身教…

用過晚餐，依照往例陪著太太外出散步，所謂「飯後百步走，活到九十九。」時值秋高氣爽的季節，涼風徐徐吹來，令人感覺神清氣爽，真是出外散心的好時節，此時想起「春有百花秋有月，夏有涼風冬有雪，若無閒事掛心頭，便是人間好時節。」說得貼切也滿符合此時的心境。

當走到巷尾時，看見三五位街坊鄰居聚在一起閒聊，看他們天南地北的談論著，有說有笑，就在停下腳步與他們寒暄的當下，順口問說：「什麼事聊得這樣高興？」王媽媽先開口說：「聽說我們鄰里的林家子孫，最近都相約回家祭祖，而且場面還不小呢？」李媽媽接著說：「好像是他們兄弟在外地賺了很多錢，而且老大還聽說做了滿大的官。」「喔！原來是最近街頭巷尾大家茶餘飯後的熱門話題，住在大興里的林家三兄弟發跡故事。三兄弟於年輕時，便離開家鄉到外地奮鬥打拼，如今個個成就非凡，因此他們兄弟為了飲水思源感謝祖先的庇蔭保佑，因此便相約回家鄉重修祖墳並祭拜祖先。鄭媽媽羨慕的說：「一定是林家祖公有積德。」李伯伯接著說：「聽說林家祖父輩時代也不富裕，但卻經常會幫助一些窮苦人家，鄰里有事也會熱心協助，從不推辭，有回冬天看見路邊一位受凍的老人，不顧當時天氣有多麼寒冷，毫不猶豫的將自己身上的外套脫下，並親自替那位老人穿上。」王媽媽說：「祖公積德做好事，庇蔭保佑著子孫，所以子孫個個都有出息。」

血源也可說是祖源，它對我們的影響可以從陰陽兩面來說，所謂陰面，就是指已經往生的祖先，他們的名分歸屬是否俱足、冤結是否化解、糾纏是否理順、世系沿流是否釐清、靈元是否安住……等等。而陽面，則是指活著的父母、祖父母等長輩的言教、身教是否帶給子孫們正向的能量，他們教育子孫時，方法、態度、觀念是否正確，因為長輩的一言一行、一舉一動，子孫都會看在眼裡，而且會以此為基準而模仿效法，若有不當的言行舉止，不但會深印在孩子們的腦海裡，進而深深且無意識的影響左右著，這就是所謂的家風門規。

天下父母心，父母對子女的關懷與照顧無微不至，對子女的需求也是竭盡所能的滿足，哪怕是天上的星星，陸上的珍禽異獸，山中的奇花異草，海底的珍珠貝類，只要拿得到、採得著的，即使冒著生命的危險，也是無怨無悔。每天做牛做馬為著子女的衣食而努力工作，深怕子女凍著了、餓著了。寧可犧牲自己也不願讓子女吃虧受委屈。俗諺：「回憶當年我養兒，我兒今又養孫兒；我兒餓我由他餓，莫教孫兒餓我兒。」真是一語道盡父母為子女無怨無悔的付出，與無所要求回報的心境。

曾經聽過這麼一個故事：從前有兩個國家，甲國很想併吞乙國，但卻不知對方的實力，為了一探究竟，國王便派了一位大臣帶了兩匹長得一模一樣的母子馬至乙國。甲國大臣到達乙國後就去晉見乙國的國王，並對其說：「我王派我帶兩匹馬來獻給您，不過有個附帶條件，就是貴國要能分出這兩匹馬，那隻是母馬？那隻是小馬？否則就準備一戰吧！」乙國國王為免戰爭塗炭生靈，帶給百姓痛苦與災難。於是召集國內大臣研商如何分辨母馬與子馬，但因這兩匹馬無論在體型、外表、顏色看起來皆是一模一樣，根本無法辨認出何者為母馬？何者為子馬？當天有位大臣回至家中，由於愁容滿面，媳婦就問說：「公公有什麼難題或煩惱之事嗎？」公公就將早朝發生之事向媳婦訴說一遍。媳婦聽完說：「這個簡單，只要將這兩匹馬繫在一起並只準備一份上好的糧草，如果是母馬一定會讓給小馬吃，而如果是小馬一定會毫不相讓的搶著食用。」隔天，此位大臣就將這個方法稟告國王，國王立刻命人找來一份上好之糧草。果不其然，真如大臣所言，小馬搶著食用，而母馬卻站在一旁默默的看著。由於乙國能分辨出這兩匹馬來，終於避免一場流血的不幸戰爭。

父母的養育之恩、照顧之情是值得感恩與敬佩的。但在教養當中，應把握住一定的原則，切不可因自己的喜怒哀樂而亂了方寸，失去了應有的規矩，否則不但子女無所適從，更會養成投機取巧的處事態度，對將來人格的發展、個性的養成都是一種無形的傷害與殺手。

因此，為人父母也應好好想一想，一味的溺愛與滿足孩子的無限的需求，甚或幾盡不合理的慾望，對正在成長學習中的孩子，是好或是不好？這種教育方式是對還是錯？值得為人父母的我們好好省思一番。

教育子女的方式與使用的方法，自古以來就千百萬種，各有各的好，也各有各的缺失，但不論是使用何種教育方式，一定要因時因地，因孩子的個性、成長背景、家庭環境而有所變通，如此方能事半功倍，有助於子女個性之養成與人格的發展。接下來看看古時候有一則藉風竹聲響來教育警惕孩子的事例：

林兒出生在貧寒的家庭，父親在他出生不久便因病而亡。自幼由母親辛苦撫養，母親為教育兒子立定大志向，於長大成人後能做個有用的人，並期盼他能光宗耀祖，時常告誡他，凡處事應光明磊落、不可自欺欺人，更不可因家中貧窮而喪失了志向，林兒也時時謹記母親的教誨，不敢有所懈怠與疏失。林母雖然家境不佳，無法像其他有錢人家供兒子上私塾讀書，但對孩兒的教導卻沒有絲毫的懈怠，經常藉著外在的一切景物來教育孩兒。

有一天的清晨，芋葉上布滿了露珠，而露珠個個晶瑩剔透，非常亮麗，林母喚來兒子說：「你用心看看芋葉上的水滴。」林兒看了又看、仔細端詳著，卻看不出所以然來，於是滿臉疑惑的望著母親，不知該如何回答，此時林母就輕輕的將各葉上的水滴集在一起，成為一個大水包，並對孩兒說：「會算嗎？」林兒邊點頭邊數著，直至水滴集成一大水包時，林母小心捧給孩兒喝，林兒一口氣將水喝完，直說：「水好甜，好好喝喔！」林母丟下葉包後問兒說：「剛剛算了幾滴的水珠呀？」林兒稍微思考後回說：「應該有十八滴的水珠。」此時林母摸著兒子的頭說：「要集十八滴的水珠，才能有令你好喝的一口水，可見一口水得來是多麼的不容易呀！所以，兒呀！你要努力用功，將來的成就，就如同現在喝一大口水，看來容易，卻是要一滴一滴的集聚。天下沒有不勞而獲的事情，要收成就一定要耕耘，希望兒能記住並時時反省勉勵自己。」林母對於孩兒的教育就是如此的用心、如此的不遺餘力、如此的藉自然現象和生活事例一一的教育孩兒。

因此，當林兒十八歲參加考試時，也沒讓母親失望，不但金榜題名，而且還名列前茅。就在與同伴歡欣鼓舞回家的路上，同伴都高興的說：等一下父母親戚會如何如何的來迎接，只有林兒默不出聲，因為只有他沒有父親及親戚可來迎接他，有的可能只有一位穿著破爛的老母來接，想到此林兒既自卑又懊惱，埋怨上天怎會如此的不公，又怎可如此無情的待他呢？越想越氣憤，越想越難過，當下決定暫時不回家，於是便獨自跑到溪旁靜靜的坐著，看著溪水的流動，在靜默中聽到溪邊的竹子，因風吹動而發出吱吱的聲響，心中更是戚戚然，當仰天長嘆時忽然看見水邊的芋葉，在午後時竟然一滴水都沒有，有的只是斑白黃葉即將掉落的情形，林兒看見此境況，又聽見竹子發出戚戚然的聲音，不禁想起小時候母親的辛苦養育與教誨的情景，於是放聲大哭，後悔自己的無知，當下拔腿奔回家中跪見自己的母親，內心既慚愧又傷心的向母親認錯，請求母親的原諒。

唉！普天之下凡所有父母，無不將自己子女視為心肝寶貝、掌上明珠。但有些子女不但對父母沒有絲毫的的體恤，更不用說感恩圖報了。對於父母、師長的管教，稍有不滿意則大聲吼叫、出言頂撞；稍遇不如意則怒目相視、爭戰不休。父母為其所做之一切，都視為理所當然，甚至嗆說「本來就該如此！」從未想過父母哺育之恩、教養之情呢？什麼烏鴉尚有反哺之情，幼羊且知跪乳之恩，在他們眼裡都是一些老古板的教條。雖然俗話說：「養兒方知父母恩」、「手抱孩兒方知父母時！」但當子女如此對待我們時，身為父母的我們，是埋怨懊惱家門不幸，盡出些不孝子孫，還是省思檢討自己往昔是如何對待父母，又是如何的教育子女？言教、身教是否都能問心無愧？是否是子女心目中模仿效法的楷模典範？因此，與其將來抱怨子女的不孝，不如現在就做好榜樣，成為子女之表率。事親至孝的人，相信他的子孫也一定知道反哺報恩。

第三節

粉墨登場——我是誰

只要有人問你，你是誰，我想大人或小孩一定會毫不思索的說出自己的姓名。然而再想想，你是誰的答案，真的只是姓名那麼容易回答？那麼簡單的答案嗎？

大人問小孩：「小朋友你好可愛喔！你是誰？」小朋友回答說：「我叫王小明。」這對話相信大家一定非常熟悉，而且只要有人問你，你是誰，我想大人或小孩一定會毫不思索的說出自己的姓名。然而再想想，你是誰的答案，真的只是姓名那麼容易回答？那麼簡單的答案嗎？如果答案是肯定的，那麼遇見同姓同名的兩個人站在一起時，當有人喊出姓名時，此姓名又似乎不是只有單純的代表是你，此時你又是誰呢？

每個生命都是一個獨立的個體，此個體各有不同的來處，來時的因緣也各有不同，為何而來也會因個體生命的特質而有所差異，來了以後又應如何扮演好自己的角色，也會因個人的覺知而有不一樣的結果，至於是否能不辜負得來不易的機緣，不白白走此一遭，則端看每個個體對生命的本質、生命的真實意義，能體認證悟多少而定吧！

有一位名叫不悔的和尚，因觸犯律法而被發配至雲南充軍，押解他一同前往的衙役叫王六。臨出發前地方上有不少人來送行，並且紛紛送銀兩給不悔和尚當路上之盤纏，而不悔因為是一名罪犯，所以就把所得的銀兩交給王六保管。兩人一路行來也因相處時間久了，所以彼此也由陌生變為熟識，再加上不悔和尚有不少銀兩，因此一路上吃吃喝喝，也算過得不錯。

就在快到達目的地時，因天色已晚，所以兩人就投宿在一家客棧過夜，打算明天再趕路。晚餐時分不悔和尚對王六說：「你我雖是衙役與犯人之別，但一路走來很感激你的照顧，如今也快到分手的時候了，為了表達我的謝意，今晚我們就好好暢飲一番吧！」於是兩人便開始大吃大喝起來，王六因不勝酒力，早就爛醉如泥。此時不悔便從王六身上取出鑰匙，將自己身上的枷鎖打開，並且套在王六身上，再找一把剃刀將王六的頭髮剃光，然後拿走剩餘的銀兩逃走了。

隔天早上王六酒醒後，看見鏡中的自己嚇了一跳，摸摸頭上是個光頭，看看身上戴著枷鎖，掏掏口袋公文還在，王六迷糊茫然了，內心不斷問自己：「我是誰？」經過一段時間的思考，他終於想明白了，自己就是被發配雲南充軍的不悔和尚。衙役因為信任他，所以在還沒到達目的地時，就先行回去交差了，他對我如此信任，我怎能辜負他的好意呢？於是王六就自己走到目的地，糊裡糊塗的充了軍。此故事也許有些不可思議，但這故事不正是說明，姓名不能代表全部的「我」嗎？然而不管「我是誰。」既然來了就應不辜負此行，好好扮演劇中應該扮演的角色吧！

人的一生說長不長，說短也不短，唐伯虎有首打油詩說：「人生七十古來稀，我年七十不為奇，前十年幼小，後十年衰老，中間只有五十年，一半又在夜間過去了，算來算去只有二十五年，二十五年又受盡多少奔波煩惱！」因此，如何在這有限的生命中，創造出生命的高峰、發揮生命潛在的本質、體證生而為人的真實意涵，實是一生中的根本大事。

生時歡喜，死時悲傷，人之常情，但對於豁達人生有智慧的人，應仔細深思，什麼是真正的喜？什麼又是真正的悲呢？從前有位禪師至一位員外家中化緣，恰巧員外家為增添一位男丁而喜氣洋洋，然而這位禪師見此情形不但沒有向員外道賀，反而在其門口放聲大哭，員外家人聞之，都非常驚訝與憤怒，質問這位禪師，說：「我家新添一位男丁是可喜可賀的事，你為何在此痛哭呢？莫非想觸我們家霉頭！」禪師說：「我不是哭別的，我只哀哭貴府又多了一位死人。」禪師的話，對一般人雖不近人情，但仔細深思，猶如當頭棒喝，他的話意卻是何等深遠啊！

普賢菩薩警眾偈云：「是日已過，命亦隨減，如少水魚，斯有何樂？」人從一出生，就註定往死亡方向一步一步的接近，每過一年不是增加一歲，應該是有限生命中又少了一年，哪來的歡喜與快樂呢？

人生如戲，戲如人生；人生只不過是一場戲，成敗不需太計較，因為不管是滿堂喝采的人生劇，亦或是曲高和寡的歌唱劇，終歸是要落幕的。所以，即使你整天握緊拳頭、跟別人爭鬥，很痛苦的活在這世界上，你的人生是不會加長的，反之，若放鬆拳頭、開開心心的去面對一切苦樂，你的人生也不會縮短；同樣的人生，與其愁眉苦臉的過，何不放寬心胸以喜悅歡愉的態度來面對呢？

在這有限的人生中，只要認真的扮好每個階段的角色，哪怕是只有短短的一個鏡頭也罷，亦或是自始至終皆是以你為主角的重頭戲也好，只要凡事盡其在我，得失則隨順其緣，聽上蒼的安排。人之失，若由另一角度去思索，也許是得到更多，人生不就是在一連串的失敗、錯誤中，嘗試到成功、正確喜悅甜美的果實嗎？「不經一番寒澈骨，哪得梅花撲鼻香。」

半杯水可以把它看成半「滿。」亦可以看成半「空。」不同的角度，即產生不同的觀點，因之，一個人要想得到快樂的生命泉源，就要先持有快樂的思想意念；人若能誠心待人，視有情無情眾生如己身，則大地萬物皆是知己好友。古人曾言：「青青翠竹，盡是法身；郁郁黃花，無非般若。」若能放下我執，去除習性，則一片彩雲、一棵小樹，皆能令人感到心曠神怡、怡然自得；有云：「春有百花秋有月，夏有涼風冬有雪，若無閒事掛心頭，便是人間好時節。」何不讓自己做個快樂自在的人間神仙呢？

第二章
種瓜得瓜 種豆得豆
（因緣果報）

業力如同石頭，一丟到水裡，必然沉入水底，然而有什麼方法能讓石頭暫時不會沉到水底呢？

前言

業力，簡單的說就是習性。而習性如果不加以約束或時時省思，則日積月累後便會形成所謂的習慣，當習慣養成後，善果或惡果就很容易形成。小時候依生活養成習慣，長大後便依習慣而生活，習慣越久遠則結成的果也會越堅硬越沉重，甚至有時會硬如石頭、堅如鋼鐵般，想擊碎或融化它，則難上加難。

所以業力如同石頭，一丟到水裡，必然沉入水底，然而有什麼方法能讓石頭暫時不會沉到水底呢？除了減少不良的習性以及避免讓習性在不知不覺中形成習慣外，對於已然形成的慣性，唯有下定決心，學習聖賢神佛立下誓願，因為誓願就如同一艘船，可暫時止住業苦之受，因船能將石頭載乘之，而暫免業力之石繼續下沉。

有一位農夫生了三個兒子，而這三位兒子天天做白日夢，整天遊手好閒、好吃懶做，但都希望能不勞而獲，希望能發大財，因此三兄弟便相約外出尋找發財的美夢。然而數年過去了，仍然一無所獲。

有一天三兄弟突然接到父親病逝的通知，要他們趕回去送父親最後一程。三兄弟原本與父親就沒什麼感情，但想到也許父親會有財產留下，所以雖然不情願但還是回去了。回到家鄉對已經入土的父親不聞不問，但對父親的遺產卻念念不忘。

他們找到族中長輩詢問，長老告知他們父親的確有留下永遠用不完的財產。三兄弟聽後眼睛為之一亮，整個人精神相當振奮，迫不及待的要求族中長老趕緊將父親遺產分給他們，但長老說：「父親的遺願是要將全部的財產留給一位最懶惰的兒子，而不是平分給你們。所以你們必須在族中所召開的大會上，比比看誰是最為懶惰的，經族人評選後，優勝的人便可獲得所有的遺產。」三位兄弟聽後都暗暗竊喜，心想如果是比勤奮工作，那還不一定有希望，要比懶惰那遺產一定非我莫屬了。

在族人的大會上，大哥首先發言：「我這個人一天到晚都坐在椅子上，要不然就躺在床上，從不站起來做事情。」接著輪到二哥說：「聽大哥一說，沒什麼了不起，也只不過是身體懶得動罷了。我除了身體不動，連頭腦也不動，整天發呆從不去思考任何事情，你們看我手腳無力、面無表情、精神恍惚，就可知道我的情況了！」最後小弟實在忍不住了站起來便說：「我大哥、二哥所說的，對我而言簡直是小兒科，如何能和我比呢？我除了身體不動、頭腦不動、連靈魂都懶得動，絲毫沒有向上提升的想法與奮鬥的意志。」親友們聽完後，經過一番討論，一致覺得三兄弟的懶惰，真是不分上下難以分出高低，於是決定將遺產平分給三位兄弟，三兄弟雖然不滿意但在族中長輩的決定與保證「你們父親的遺產永遠也用不完」的情況下，也只好勉為其難的接受。至於他們的父親留下的遺產是：三頭牛、三張犁、三包種子、一塊田地及一句話「改掉懶惰的習慣，這些財產永遠也用不完。」

想想，習性的好與壞，往往是決定成功與失敗的關鍵因素。因此，當我們老是抱怨工作不穩定、事業不順利、升遷有阻礙、錢財不夠用、家庭不溫暖、朋友沒情義、身體常病痛、長官不提拔、考運不理想時，為什麼不回過頭來想一想自己的一切習性，今天之所以如此，完全是別人造成的嗎？自己沒有絲毫應檢討改進的空間嗎？

既生而為人就離不開因業果報，因緣成熟時果報自然形成。就如同一顆種子，如果在適合的泥土、空氣、陽光、水分等條件下再加上農夫細心的照顧，因緣俱足則果必能結成，種善因又得善緣，那麼善果必然能得。如果在今生或過去世中已經種下惡因，那麼應如何減少業果的報應，甚至轉惡果為善果呢？我想首先應瞭解因果循環的道理，明白什麼是好的因緣，什麼是不好的因緣，什麼是好的果報，什麼是不好的果報，當一切來龍去脈都了然於胸時，自然知道如何把握與人結善緣、種善因的時機，也明白如何減少與人結怨糾纏的道理，那麼得善果的機會當然與日俱增。

第一節

有理無理皆是理——自以為是（業之起因）

因為見識短窄所以觀念固執態度傲慢，因為自以為是所以就不會放寬心胸、虛心去學習他人的長處，欣賞別人的優點，終致使自己侷限於狹窄的領域中，更讓自己走進死胡同……

閻王端坐殿中，大聲喝曰：「座下之魂，今來到本王殿中你可知罪！」座下魂曰：「小魂生前為人師、為人表，從不貪求名與利，凡事任勞任怨，處事也有一定的準則，一生清清白白，而且作育英才無數，何來罪過呢？」

看完上面那段話，不要誤會，不是吳樂天在講古，而是一則由神佛為教化一位自以為是的信徒，所說的警世故事。

話說：在清朝末年，有一位漢學老師，學富五車，滿腹經綸，平日教學認真，作育無數的英才，為人不貪名也不奪利，一生清風自許，待人處事也有一定的原則，而且教導學生也以此為規矩，學生不得逾越此準則。

有一天，座下的一位廖姓學生，被鄰里的家長舉報說：該生偷採了他家果園所栽種的水果，此位老師當場詢問廖姓學生，學生雖當老師的面承認確實做過，但想解釋緣由時，師竟然勃然大怒，斥責學生竟敢違反規矩，真是目無法紀，於是不聽廖姓學生的說明解釋，便生氣地將學生趕出教室，還嚴厲斥責他，錯就是錯，沒有那麼多理由可辯解，不許他多說理由。廖姓學生認為受了誤解與委屈，為了表示清白與抗議，竟當場自殺而亡。此事雖令老師驚愕不已，心中不免悔恨與難過，並且反思：難道我真的誤解了此廖姓學生嗎？但事過幾日，此位老師自認是學生違反了規定，雖然是自殺也不能諉過卸責，我身為一位老師，教導學生知錯改過，何來有錯？就在如此自以為是的認知下，竟連學生的喪禮也不出席參加。

此事經過三十餘年，此位老師也壽終正寢。當至閻王殿審訊時，因為自認一生未曾做過錯事，而遭閻王怒指不知悔改認錯，罪加一等。罰往冤枉死報的獄池思過懺悔，當此魂剛入獄池時，也跟其他罪魂一樣，大聲呼喊冤枉啊！冤枉啊！然而任憑如何的哀求與呼喊，就是沒人理睬，只是每隔一段時間，獄吏便將師魂帶往閻王殿中再做審訊，然而每次審訊時，師魂答案都是一樣，並且認為閻王冤枉了他。無奈師魂就在獄池與閻王殿中受著苦報，無有出苦之時日。

直到有一次，因子孫為報親恩而超渡他時，蒙地藏王菩薩慈悲教誨後，方知自己錯在自以為是、自執有理的情況下誤解了廖姓學生。原來，廖姓學生是一位鄉里都稱讚的大孝子，其父日思夜念想吃水果——釋迦，然而因為家窮連三餐都不繼了，哪來多餘的錢可買水果。於是廖姓學生，在一次偶然機會路過果園，為滿足父親多年來的慾望，於是入園採摘一顆釋迦，但卻當場被果園主人抓獲，為維護父親聲譽，寧死也不願將事情之原委說出，因而此事便傳至此位老師的耳中，進而引發不幸之憾事。

此師魂於獄池中因自以為是，毫無反省懺悔之心，因此所受苦報竟達一百二十六年之久。

一般人有些習性會潛藏在內心深處，不易顯現出來，而即使顯現於外，或表現於言語行動中，也渾然不自知，甚至認為自己怎麼可能會有如此不智的言行，一定是別人誤會他或對他有所偏見。而此種習性就是癡迷、自以為是的心態。凡事堅持自己的意見，總認為是別人不對。因為見識短窄所以觀念固執態度傲慢，因為自以為是所以就不會放寬心胸、虛心去學習他人的長處，欣賞別人的優點，終致使自己侷限於狹窄的領域中，更讓自己走進死胡同，毫無轉圜之餘地。有謂：「井裡的魚是無法和牠談論大海之雄偉，因其受地域的限制；生長於春夏的昆蟲是不可能和牠討論冬天冰雪的形成，因其受時間的障礙。」那麼我們究竟應如何擺脫偏狹無知的心態呢？唯有學習大海廣大無邊的襟懷，包容百川匯流而至的精神；放下個人自以為是的觀念，相信一定能開創出屬於自己的一片天空。

有位大學教授，利用休假日到一處偏遠但風景相當優美的地方遊山玩水，當走到江邊時，看見江中景色怡人，就興起遊江的興致，於是便僱了一艘船遊江。當小船啟動後，教授與船夫閒聊時問船夫說：「你會物理嗎？」船夫回答：「先生，我不會。」教授接著問：「那你會數學嗎？」船夫依然回答：「先生，我也不會。」教授再問：「那你會電腦嗎？」船夫還是回答：「先生，那我就更不會了。」於是教授露出鄙視的眼神，並以不屑的口氣說：「你不會物理，人生已失去六分之一；你不會數學，人生也失去六分之一；你更不會電腦，那人生又失去六分之二；你的人生已經失去了六分之四。」此時，天空突然風雲變色，開始颳起大風，似乎也有下雨的趨勢，眼看暴風雨即將到來。船夫就問教授：「先生，你會游泳嗎？」教授被突如其來的問題問的有些莫名奇妙，於是無耐的說：「完全不會，從來就沒學過。」此時船夫聽了教授的回答，深深的嘆了一口氣說：「那你的人生就快要失去六分之六了！」

人活在世上各有使命，有人經商、有人種田；有人從政、有人行醫，大家所扮演的角色各有不同，但只要能努力於自己所從事的工作，發揮自己的長處，則不論是做何種工作，都值得敬重與鼓勵。職業豈有貴賤之分，更不能以工作之性質而起了分別心，你有你的專業，我也有我的長處，每個人所學不同，所擔負的任務不一樣罷了，不可一味的以自己的認知，而否定了別人的貢獻。社會大眾能過得舒適方便，不正是大家分工、彼此合作的成果嗎？

第二節

冰凍三尺非一日之寒（業之形成）

習性會影響人生的成敗，習性會曚蔽人的本能與覺知，習性會讓人在不知不覺中活在既定的框架中，習性會……

人之一生，若不隨時內觀自省，猶如剛抛出去之陀螺，跌跌撞撞，必是傷痕累累，終日身忙，進而心茫，終至眼盲心死，何其悲哀！

道理看似簡單易懂，但實際行事時卻是百般困難，滯礙難行。有一小故事：有一次，白居易請教鳥巢禪師，請其論說佛法之精義，鳥巢禪師言：「諸惡莫做，眾善奉行。」白居易對言：「這麼簡單的道理，有誰不懂，這豈是高深之佛法。」鳥巢禪師言：「道理看似簡單，連三歲小孩都懂，但卻是連八十歲之老翁也做不好。」由此可知，人之悲哀在於知錯不改，我行我素，任憑喜好行事，甚至不知錯在何處？一意孤行，更甚而將所有之錯歸諸他人，毫無悔改之心。總以為要不是別人如何、如何……自己也不會淪落至如此悲慘之境況。需知業報之受，無一是假，出了問題，吃了虧，理應學會懺省反思，若還不知從中體悟到失敗之痛，那真是無藥可救啊！

生死兩茫茫，無常來臨魂皈幽幽也茫然，入了死門叫苦誰人應，叫冤叫怨又有誰憐。

話說：有一李姓女子，自幼聰明伶俐，甚得父母、師長的寵愛，二八年華時，就因長相甜美又有不錯的身材，而不知迷惑了多少青年，每位想與她交往的青年，不是百般忍讓就是任其使喚，絲毫不敢有所怨言，因此與其同時交往者，不下十數人之多，而其中不乏有情有錢甚至長相俊秀之人，但都在此女子的玩弄任性下不歡而散。然而，此女卻不以此為意，總仗著傲人的身材與豔麗的外表，盡情享樂與揮霍，甚至錢用完了便將男友棄之如敝屣，玩膩了也毫不留情與男友分手。心想，舊的不去新的不來，有什麼好怕的，又有什麼值得珍惜呢？揮之即去招之又來的大有人在，於是日復一日、年復一年盡情於情迷紙醉之中，未有停歇。

直到三十一歲時，結識了一位許姓青年，此青年對其關愛有加，一心一意、無怨無悔日夜照顧著她，對其所提出來的要求，想盡辦法的滿足她，從不加以拒絕。然而所謂人心不足蛇吞象，李姓女子胃口越來越大，而許姓青年只是生於一般的小康之家，怎堪此女如此揮霍與奢求！交往三年來，幾乎耗盡所有家當，就連許母一生心血才購得的中古屋，也在為滿足此女出國遊玩的心願下，將其抵押貸款，不足之數又向地下錢莊借貸。李女歡喜高興出國遊歷一個多月，回來時竟將許姓青年借貸的兩百餘萬元，盡數花光毫無所剩。而在此時，許姓青年也提出結婚的要求，李女心不甘情不願的回說：「要辦就辦吧！不過訂婚之禮一定要辦得風風光光！」許姓青年無奈下，又以地契借貸六十萬元，將訂婚之禮辦得極為風光。

然而在訂婚後不久，李女之前的情人仍不斷的邀約出遊，而李女也不甘寂寞，更無耐未婚夫婿只有月入三、四萬的薪水，除了日常生活開銷外，還要還銀行貸款，又要面臨地下錢莊的索債，根本已自顧不暇，更不用奢求還有餘錢供其花用。於是李女又恢復以往遊樂本性，無視未婚夫的存在與勸諫哀求，仍是我行我素，雖然許君被地下錢莊及銀行逼得走投無路，而李女也絲毫無半點愧疚與同情之心，甚至當著許君的面嗆說：「男子漢大丈夫本來就應當承受一切！若無此擔當就解除婚約，不要再來煩我，反正喜歡我、愛慕我的多得是，不在乎少你一個。」無奈的許君，只好黯然神傷默默離去，而李女也在舊日男友中日日歡愉、夜夜不歸。

有一天，李女與男友前往埔里夜遊，竟因車禍而當場身首皆殘，魂斷中潭公路。當車被撞擊時，李女的魂被撞的彈出了身軀，此時李女的魂不願離去，當下看著自己的軀體被搬上救護車，然後迅速的送往醫院，只見自己的身體被搬來搬去，由這家醫院轉往他家醫院，而軀體也在擦擦摸摸又壓壓下被蓋上白布。此時的李女才驚覺難道我已經死了嗎？此期間昔日的一些所謂男友，有的在門外探頭而不敢入內，有的即使進來了也假裝看一下，沒有一個是真心的，個個都怕我是鬼魂，甚至有一位最要好且同床一年，愛的死去活來的男友，雖然進到屋內也不敢掀起白布看我最後一面，離去時竟喃喃的說，死就去吧！與我無關。真是令李女傷痛欲絕。最感難過的，是自己的父親因早年與母親離異，已經有數年未曾見過面，而在母舅的催促下，也心不甘情不願的來了，然而竟只哼了一聲，死了就算！便毫不留情的轉頭就走。

李女的身軀，在太平間只停留了三天便被草率的火化了。而骨灰也因無家可歸送往了荒山野外的「姑娘廟」存放，從此再也無人聞問。在軀體停留於太平間的三天裡，卻有一個人默不作聲的在旁守候著，那就是李女的未婚夫。百日內李魂也想回未婚夫家看看，然而所看見的竟是深鎖的大門上貼有法院的封條，房子即將被拍賣，此時此景更是令李魂哀痛悔恨不已，要不是自己的愛慕虛榮也不會造成未婚夫的無家可住；要不是自己的任性無知也不會造成自己的魂無處可歸。悔！恨！傷！悲！又能奈何？

人的生命是很短暫的，愈是庸俗自私無明瞋怨的人，消逝的愈快；青春歲月是很有限的，愈是沈醉於表相美艷與功名利祿的人，愈難見到生命的本質、性命的根源。

有些人為保有逐漸老去衰退的色身，終日在美容瘦身中心留連忘返、時時於青春永駐之藥物中尋尋覓覓，但終究是白費心機、徒勞無功。需知，生老病死乃是人生必經之過程，不論貧富貴賤、賢愚美醜，任誰也無法逃過；「終日尋春不見春，芒鞋踏破嶺頭雲，歸來偶過梅花下，春在枝頭已十分」、「一念證悟，煩惱即菩提。」所以，若能使美好的心靈、善良的心性展現出來，外相老去並不可畏，因之，與其執著空虛不實的色身，終日惶惶不安的去追求容顏永駐、青春不老之法，何不放寬心胸，率真踏實活潑自在的去發揮生命之光呢？

習性會影響人生的成敗，習性會矇蔽人的本能與覺知，習性會讓人在不知不覺中活在既定的框架中，習性會讓人掉入陷阱而不知其危害將至，習性會將自己的言行合理化。

鄉下有一戶種田人家，在其自家的菜園中有一塊滿大的石頭，此塊石頭部分露出來，但也有部分埋在土中，家人在菜園中工作，經常不小心就會被絆倒。有一天，兒子問爸爸說：「菜園中的石頭真是討厭，為什麼不把它挖走呢？」爸爸回說：「那塊石頭從你阿公時代就已經有了，要能挖走早就挖走了。再說那麼大塊的石頭，若真要挖走，不知要花費多少時間跟精力，不要自找麻煩，只要走路小心一點不就好了嗎？」幾年過後兒子娶了媳婦，有次媳婦被絆倒而且受傷流血，於是很生氣對丈夫說：「菜園中的那塊石頭越看越討厭，趕緊找人幫忙搬走吧！」丈夫回答說：「爸爸曾說那塊石頭從祖父時代就已經存在了，要能移走，怎麼可能留到現在，我看妳還是死了這條心吧！」媳婦越想越火大，於是決心要把它移走，即使花很多的時間也在所不惜。於是一天的早晨，媳婦帶著鋤頭、鏟子及水桶，準備和石頭大戰一番，於是先在石頭周圍澆水後就開始挖了起來，心裡已經做好奮戰的準備，然而就在開挖不久，便把石頭挖了起來，原來埋在土中的石頭沒有想像中的深，以前全家都被矇騙了。

菜園中的石頭矇騙了農家所有的人，那我們到底有哪些習性矇蔽了我們呢？有哪些習性在不知不覺中傷害了我們，有哪些習性在自以為是的情況下阻斷我們成就的機緣呢？想想吧！

第三節

各人造業各人擔（業報）

大自然虛空中無一審主，要上天堂或要墮入地獄，完全掌握在自己的手中……

佛陀時期有一位年輕人，因為父親去世，想為往生的父親做點什麼？但又不知如何做？所以請求佛陀協助。年輕人來到佛陀面前，很哀傷的哭著，慈悲的佛陀就問年輕人說：「年輕人你哭得如此傷心，是為什麼？」年輕人回答說：「因為我的父親在幾天前往生了！」佛陀言：「人死不能復生，既然你父親已經過世，那你哭得再傷心也不能救回你的父親啊！」年輕人回答說：「這我知道，我是來求慈悲的佛陀幫助我死去的父親！」佛陀說：「我能為你往生的父親做什麼呢？」年輕人說：「我聽外面的術士巫師說，人死後只要幫他做點法事，他們就能上天堂了！慈悲的佛陀啊！祢的能力、智慧皆比術士巫師高上幾萬倍，只要祢稍微施點法，相信我的父親就能上天堂了。」佛陀一再解說，但因年輕人救父心切，出於一片孝心，佛陀不忍斥責其無知，只得勉為其難的對年輕人說：「好吧！你去買兩個陶壺來。」年輕人一聽佛陀願意幫忙欣喜萬分，便立即跑去買兩個陶壺回來。佛陀對年輕人說：「你現在把一個陶壺裝滿奶油，另一個陶壺裝滿石頭。」年輕人皆照做。佛陀又說：「好！現在你把兩個陶壺密封起來，然後丟到池子裡去。」年輕人又照著佛陀的指示做了。此時佛陀又說：「然後，你現在去找一根長的木棍來，然後把池底的兩個陶壺敲破。」當年輕人敲破兩個陶壺後，佛陀對年輕人說：「你現在去找來最厲害的術士巫師，請他們舉行儀式法會，讓浮在水面的奶油沉下去，而沉在池底的石頭浮上來。」年輕人非常驚訝的說：「慈悲的佛陀啊！這怎麼可能呢？石頭比水重定會下沉，而奶油比水輕是會浮上來啊！這道理人盡皆知啊！」佛陀說：「業力之報就是如此，如果你生前多行善功，那麼猶如奶油一樣輕，自然會上升天堂；若你活著時做了很多壞事，造下許許多多的惡業，那就猶如石頭一樣重，直接墮入地獄，任誰也無法阻止啊！」大自然虛空中無一審主，要上天堂或要墮入地獄，完全掌握在自己的手中，您說是嗎？

古人曾言：「我見世人日日忙，廣營田地置田莊；到頭一物拿不去，獨有骷髏葬道旁。」人之一生，從出生至死亡，歷經了病老苦痛、生離死別、愛恨情仇；在有限的生命裡，浮沉於業海果報之輪迴中，每天為名為利拼死拼活，終日為財為情營汲執罣，年老後卻為病痛所苦而日日難安，時時哀嘆時不我予。所以有人形容人的一生就在扮演三種動物：年幼時期如彌猴般，蹦蹦跳跳未有停歇，不得安住；壯年時期猶如水牛，終日為家庭、為子女、為功名利祿拖其老命；到了晚年則如同看門狗，只守著空蕩之屋，企盼倦鳥的歸巢。形容還滿貼切的！

俗話說：「人為財死，鳥為食亡。」錢賺再多若吝於佈施，則終究是守財奴，要財何用？只不過是徒增造業之機會罷了！有謂：「錢財用了才是自己的，不用都是別人的。」憨山大師曾言：「悲歡離合朝朝鬧，富貴窮通日日忙；生前徒費心千萬，死後空餘手一隻。」

「種瓜得瓜、種豆得豆。」這是自然生息運行的法則，而此萬物孕育的原理，則在告訴我們有因必有果。

家住台中的一位陳姓女孩，從小就很會對父母撒嬌，可說是父母的開心果，父母視其為掌上明珠，甚是寵愛，只要她提出的需求，父母都會盡量滿足她，所以此女日子就在逍遙自在、無憂無慮的時光中度過。

有日應男友之邀夜遊大肚山飆車，在行經台中市快到沙鹿時，男友提議再轉往太平夜遊，但陳女很累想回家休息，然而在男友的懇求與承諾只去半個鐘頭的情形下，陳女勉為其難的答應。當車行經太平市時，就在太平市的一座橋上，因為車速過快而撞上了橋墩護欄，陳女頭部嚴重受創，被送往附近的一家醫院急救，但因傷勢過重，只得轉送榮總醫院救治，在搶救後雖然保住了小命，但臉已毀傷，並留有傷疤，無法回復昔日甜美可愛的容貌。因此出院後，陳女整天鎖在房中不敢出大門一步，甚至經常對父母說：「乾脆死了算了！如此容貌叫我怎麼出去見人？」父母深怕女兒有自殺輕生的舉動，日夜輪流守候著，並不時鼓勵她出去散散心。然而事隔數月，陳女仍然無法忘懷，整天想尋死了斷自己。

有一天，陳女騙父母說要出去走走，父母想陪著她，但陳女堅持不要父母陪伴，無奈下父母只好派妹妹相隨，陳女跟妹妹說想去太平，妹妹並沒有起疑，於是騎車載她去太平，當騎車經過出事的地點時，陳女告訴妹妹說想下來看看風景，就在妹妹停車的當下，陳女毫不猶豫的爬上護欄往下跳，頭撞河床而當場死亡。妹妹見此情景，當場嚇呆的站立在橋旁，久久無法回復。從此妹妹也因此事刺激過大，而整天精神恍惚、渾渾噩噩，父母更是哭的死去活來、傷心欲絕！

此女死後因傷父母心、害慘妹妹、不惜生命等種種罪業，受盡各種獄報之苦。雖然悔恨哀嚎，但卻無人能救其脫離業報之苦，後經菩薩點化，道出此女業報之因由：原來此女在前世，也是一位受盡寵愛的千金小姐，但因脾氣暴躁、待人傲慢、自以為是、任性跋扈，家中奴僕也常遭其凌虐，下人個個都敢怒不敢言，苦不堪言但又無可奈何！有一天在庭院遊玩，竟將一位奴僕推下水，奴僕大喊救命，而此女竟嘻嘻哈哈的說我不要，最後奴僕沒頂而亡。事後此女因悔恨不安而投井自我了斷，然而與奴僕之冤結卻無化解，終致此生再受此報應。

看完此事例，真是令人唏噓不已！因果報應，絲毫不爽。縱使你來世再投胎，卻仍無法僥倖逃脫！

第三章

揭開前世今生的神秘面紗

（什麼是三世因果一世清）

放眼當今社會，談論「三世因果」者，真是不計其數，但能大聲說出「一世能清了」的，卻是……

「三世因果一世能清了」乍聽之下，有人會說：無法想像、難以接受；有人會說：不可思議、天方夜譚；也有人會說：癡人說夢、詐騙集團；甚或有人會嗤之以鼻，轉頭離去。凡此種種，在大多數人的心中一定會出現無數的問號，而內心的衝擊更是非比尋常。那麼，不管你是存疑也好、驚訝也罷、離去也可，這些言行舉止都是正常的現象、真實的反應。因為，放眼當今社會，談論「三世因果」者，真是不計其數，但能大聲說出「一世能清了」的，卻是鳳毛麟角，難有所聞。所以您的驚疑不信或是轉頭就走是值得理解的。

然而聰明的您是否曾靜思，為什麼會有如此巨大的迴響呢？我想原因很簡單，那就是在於您的無法理解與難以置信——人世間真有如此殊勝法門與誓願弘大的救世主嗎？不用遲疑，請您當機立斷，放下手邊的工作，靜下心來閱讀本系列的書籍，您必能豁然開朗，由誤解進而釋懷；由存疑變成讚嘆；由猶豫轉趨堅信，其心境之起承轉合必然如「撥開雲霧見青天」之神妙，而此時的您也必然會發出嘖嘖的讚嘆聲，並露出會心一笑的說：「喔！傑克，這真是太神奇了！」

一般人對「三世因果」中「三世」一詞的理解，應該是「前世、今生、來世。」總以為這一輩子的貧賤壽夭或榮華富貴，都是來自上一輩子的所作所為，當有些人遇到不如意、不順心或傷心難過的事時，都會脫口而出的說：「我上輩子到底是造了什麼孽呀！」而當看見某些人輝煌騰達或高官顯要時，就會認為一定是上輩子燒了好香、做了好事，這輩子才能如此的風光得意。因此，不管你是否相信神鬼宗教或六道輪迴，在大多數人的潛意識裡普遍存有「因果報應」這回事，所以當某些人做了危害社會或傷及家人的事時，總有人會勸說「善有善報、惡有惡報，不是不報，時候未到！」

曾聽過一則有關「因果報應」滿有趣的故事，其大意是說：有一位發明家發明了無數的東西，只要他想要發明的沒有一件能難倒他。有一天，一位滿面憂容的陌生人上門向他求救，說：「無論如何一定要幫幫我，否則我真的活不下去了。」這位發明家在問明原由後說：「你要我發明一件『愛的槍』，也就是擊中誰，誰就會深愛著發射槍的人？」陌生人說：「正是如此！因為這位女生每天都會經過我家門口，而我也被他的氣質神韻迷得神魂顛倒，真想娶她為妻。然而當我鼓起勇氣向她表白時，她卻告訴我說：『她是有夫之婦而且深愛著丈夫。』此事讓我痛苦萬分。」發明家在聽完陌生人的敘述後說：「人家既然已經嫁為人婦，你怎可還心存妄想呢？」陌生人見發明家不肯幫忙，於是便說：「如果你肯幫忙我達成願望，我願意給你百萬的酬勞。」發明家受不了金錢的誘惑，就當下答應了陌生人的請求。

從那天起，發明家便日夜苦思的研究，終於有一天研發成功了。於是發明家便將「愛情槍」交給那位陌生人，陌生人得此寶物後非常高興與期盼，終於在隔天的早晨，那位他心儀已久的女子走過他家門前時，適時的對其發射出「愛情槍。」而此「愛情槍」果然不同凡響，威力無窮，就在它發射完「愛情槍」的幾日後，這位女子竟主動出現在他家門口，並答應他每天跟他約會。陌生人真是欣喜若狂，於是信守承諾的將金錢拿去酬謝發明家，並高興的跟發明家道謝說：「太感謝你了，愛情槍真是靈驗無比，現在那位女子每天黃昏都會跟我約會。」發明家很好奇，到底是哪位女子讓你如此神魂顛倒呢？於是便說：「能否讓我也見見這位奇女子？」陌生人說：「當然沒問題。」於是將他家的住址告訴了發明家。有天發明家趁妻子不在時便抽空去了陌生人的家。當他到達時，所看到的景象幾乎讓他昏倒，因為陌生人所摟在懷裡、卿卿我我的女子，正是他深愛的太太。此故事不是正應驗了大家朗朗上口的一句話——「各人造業各人擔」嗎？

因此，當處於身體病苦、事業失敗、婚姻破裂、子女不孝、飢寒交迫……等等問題時，都會覺得一定是上輩子做的不好，才會導致現在所受的痛苦，當然如此的心思是可以理解與同情的，因為至少他會反省懺悔，他會相信因果報應，他有抒發的管道，當在失望無助、仰天長嘆或孤立無援、悔恨無奈時，就會升起一股想改善目前困境的力量，甚或默默的禱告希望下輩子能過得好些，不再受各種折磨，把這輩子的一切磨難無奈、痛苦都寄託於下輩子，這就是最普遍的「三世因果」概念。

「一世清」是什麼意思呢？簡單的說，就是在這一輩子將一切的債務還清，將所有的冤結糾纏都予以化解理順，將祖源釐清還報父母之恩情，將自己心燈點亮，隨時隨地都充滿正向的思考與助人的能量，做好為人子女、為人父母、為人夫妻的本分，把握住「給人方便、給人希望、給人歡喜」與「不傷人心、不逆人意、不斷人路」的待人處事原則。凡事學習無怨無悔盡一切心力，不問他人如何待我，只問我是否盡了心力、是否問心無愧。也許有人看完上述的說明後，會發出怎麼這麼難呀！而萌發打退堂鼓的念頭。不錯，是相當不容易，試想要將累世的冤結糾纏化解、今生一切不良的習性修正以及還報父母、祖先的恩情，當然不是一件容易的事，否則人人都稱神稱聖去了，何煩不知來世會投胎到哪裡去呢？然而天下無難事，只怕有心人，只要有心成就自己，上天豈會辜負我們的心意而不聞不問？甚至關上大門而讓我們自生自滅呢？天地自然本來俱足圓融、生息的循環真意，所以當然不會如此殘酷無情，問題在於我們是否真心？因為真心能激發人的潛能，真心能感動上天。看看這一則故事：

從前，有一隻小鸚鵡在一次偶然的機會，飛進了一片很漂亮的森林裡，小鸚鵡被森林中的美麗景色所深深的吸引住，而林中的一切動物又很和善的跟牠打招呼，陪著牠一起玩耍，甚至親切的輪流招待牠，小鸚鵡被林中的動物熱情款待而住了下來，每天都過著無憂無慮快樂逍遙的日子。日子雖然過得有趣開心，但是日子一久，小鸚鵡還是有一點想家，於是便決定暫時告別林中的好朋友，回家去了。而在家中的這段日子，小鸚鵡仍不忘記森林中所有的好朋友，希望過一段時間再去探望牠們。

有一天，小鸚鵡發現這座森林起了大火，所有鳥獸都被困在裡面無法逃離出來，小鸚鵡心急如焚，於是決心救火，希望能將火勢撲滅。於是牠飛到河邊將自己羽毛沾濕，再飛回森林上空，把羽毛上的水灑向森林。這樣來來回回不知幾百趟，火勢雖然沒有減緩的跡象，但小鸚鵡仍然毫不氣餒的做著，就在此時，天神發現小鸚鵡的舉動非常奇怪，於是便問小鸚鵡說：「此森林的火勢如此之大，憑你也想撲滅如此大的火災嗎？不要白費心力了。」然而小鸚鵡一邊流著眼淚，一邊不斷的向森林灑水，並對天神說：「我知道非常困難，但是林中的所有鳥獸都待我如家人，都是我的要好朋友，現在牠們有難了，身為朋友的我，怎可見死不救呢？即使拍斷我的翅膀，我也絕不會放棄！」天神聽了非常的感動，一隻小小的鸚鵡竟有如此重情重義的舉動，而身為天神的我又豈能坐視不管呢？於是天神就向林中灑下一陣大雨，澆熄了林中的大火。此雖然是一則寓言故事，但不正是告訴我們「自助而後天助」的道理嗎？

至於成就的方法以及「三世因果」如何達到「一世清」的觀念、態度及做法，在往後的篇幅會逐一說明並詳加介紹，在此只就一般人對「三世因果」及「因果報應」的認知理解提出個人的淺見。希望在閱讀完本書後，每個有緣的朋友，對自己將來的人生方向能更加清晰，對於此生的定位能更加明確，不會是為過日子而活，而是為活出生命的本質意義而過日子。相信「皇天不負苦心人」、「有志者定能事竟成。」大家一起往前衝吧！不達彼岸絕不罷休！

第四章
跳脫輪迴的噩夢
（為什麼要三世因果一世清）

「來時偶然，去時必然。」任何人投生此娑婆世界皆是因緣成熟，無法作主選擇的……

前言

佛家有首偈語：「輪迴流轉似油煎，唸佛如同救命船；忙裡忽記黃金面，不再鼻孔被人穿。」人一出生墜地即呱呱而哭，哭其又來到這無邊無際的業海苦報中，傷其又在六道裡隨業流轉，苦其何時才能明心見性止斷輪迴之受，哀其前世呼出之最後一口氣何以需經如此之久方能再吸回來。然而雖投胎為人亦是可喜可賀的一件事，何以見得呢？因為云云眾生中能投胎於人道的，其實並不多，當珍惜這難得之人身。

有次釋迦牟尼佛與眾弟子在花園散步，佛陀蹲下身抓起一把泥土問弟子們說：「你們看是我手中的土多？還是大地的土多？」弟子們都說：「慈悲的世尊啊！當然是大地的土多。」佛陀言：「得人身者如我手中之土，失人身者如大地之土，你們要好好珍惜並善加利用這得來不易的身體啊！」聖者言：「世事紛紛如閃電，輪迴滾滾似雲飛；今日不知明日事，那有工夫論是非。」的確，短短數十寒暑，去除年幼無知的時代，再加年老體衰臭皮囊不聽使喚無法作主的時間，所剩真的不多了。在這有限能自主的時間裡，若無法痛下決心精進不懈，如不能以智慧觀照世間，則無常到來時，驀然回首此生已虛度矣！

「來時偶然，去時必然。」任何人投生此娑婆世界皆是因緣成熟，無法作主選擇的，所以說是偶然。但要離開這世間卻是必然的，沒得選擇的。不論有錢或貧困、不管官職權位有多高，無常到來終需離開，心甘情願也好，哀嚎不捨求饒也罷，還是只能「揮揮衣袖，不帶走一片雲彩。」

第一節

靠山山倒 靠人人跑——自救

與其期盼將來子孫之超、神佛之拔，不如好好把握現在努力精進……

俗言：「晴天儲備雨天之糧。」人要有先知之明，要知未雨綢繆，在有生之年、在還能自我作主時，應好好計議思量自己之性命大事，好好行修佈德，有冤解冤、有結化結，期望能有所成就，更期望能無債一身輕。屆時無常厄臨亦不用擔心煩惱子孫是否盡孝、是否捨得為我們做法事、辦超拔。自己心中坦蕩蕩了然於心，即使是冥府之來去也無牽無掛，何懼之有呢？俗云：「靠人人倒，靠山山崩。」又云：「人必自助而後天助。」與其期盼將來子孫之超、神佛之拔，不如好好把握現在努力精進，你說是嗎？

話說中部有一張姓人家，夫妻從年輕時就經營買賣事業，兩人胼手胝足，努力為事業而打拼，及至中年也賺了不少錢，累積了滿多的財富，家業之大在當地可說是數一數二。夫妻倆雖然努力於事業之經營，但對於子女的教育卻也相當重視，子女個個都受大專以上的教育學程。張生本想在子女成家立業後，放下肩上的重擔，將事業交由子女管理經營，自己則要好好享受一下人生，以彌補年輕時因全心全意投入事業的經營，而無法對人生享樂的遺憾。

孰料，在其規劃享受人生的計畫完成，卻尚未開始實施時，竟在一次出外洽談生意，因疲勞過度而發生車禍之意外，當場命離軀體，墜入無邊無際的空間，等到驚覺有知時，已經是冥府殿中的階下囚了。入了冥府，因生前所做一切，都毫無掩飾的一一現形，罪果之罰真是令張生痛苦萬分，叫天天不應、叫地地不靈。內心不斷吶喊著：誰能幫幫我？誰能救救我？然而任憑張生喊破喉嚨，又不論張生如何的聲嘶力竭，仍然得不到任何的回應與絲毫的助力，只見冥府牆壁上浮現兩行大字——「生前不知修，死後靠何人！」張生真是痛悔不該年經時，只知攢積金錢財富而不知行善助人，或化解與人所結的冤結，以致魂斷命離時，無有善功可彌補所犯下的罪過。

俗話說「靠人不如靠己。」人往往在最後關頭，才悔恨交加；悔之不知早早入修，恨之時間不等己，一切若能從頭來該有多好啊！然這只是癡人說夢、永不可能。時間不會因你之苦之悲而走快些，也不會因你之樂之喜而走慢些！有錢人一天二十四小時，窮人亦然無有差別。因之，活著時好好儲備功德糧，好好了脫累世之因業。期望無常來臨時，能無債一身輕。有道是：「少壯不努力，老大徒傷悲。」又謂：「莫到老來方修道，山頭墳裡多年少！」上面之事例難道還無法敲響迷失與無知的我們嗎？

有位老禪師在大雄寶殿前曬經書並加以整理之，一位年輕的沙彌走過來言：「要曬的經書這麼多，為什麼不找別人幫忙呢？」禪師言：「別人不是我！」年輕的沙彌又說：「太陽這麼大！為什麼不先休息一下再整理呢？」禪師答言：「那究竟要等到何時才能工作呢？」沙彌啞口無言，默默的離開；而禪師頭也不抬繼續專心的整理堆積如山的經書。

有謂：「一寸光陰一寸金，勸君唸佛早回心；直饒鳳閣龍樓貴，難免雞皮鶴髮侵。」修行或行善是不能等待的，短短數十年的人生稍縱即逝，唯有把握當下精進不懈，努力了斷一切因業，期使「三世因果一世清」的理想與目標早日實現，更期盼能在無常來臨時，即能無債一身輕，逍遙自在的皈返圓融淨域。

第二節

人無千日好 花無百日紅——無常

生命雖有長短之分，但輪迴卻無貧富之別……

人之一生，從生至死，並非只會死一次，而是在生死復又死生中輪迴不斷……

宇宙萬物有生終必得死，生命雖有長短之分，但輪迴卻無貧富之別，佛經言「始終相成，生滅相繼，生死死生，如旋火輪，未有休息」；名人亦曾言「人生自古誰無死，只爭來早與來遲。」既然死是人生必經之路，那麼，與其畏死、忌死，何不趁有生之年，奉獻己力，自渡渡人呢？

俗云：「天有不測風雲，人有旦夕禍福。」人之一生，從生至死，並非只會死一次，而是在生死復又死生中輪迴不斷。小如一顆牙齒之壞死、一根毛髮之掉落；大如器官之部分老化病死而終致整個割除，甚或爆發併發症而終使所有之五臟六腑遭受細菌之侵吞，最後不得不無奈的離開借住一輩子的臭皮囊。此皆是處於不斷的輪迴循環中；又如晚上就寢，當眼睛一閉就進入無法自主的時空中，那與死亡又有何差別呢？不同的是睡覺終會醒來，屬於短暫的死亡。而真正的死亡乃是眼睛一閉、兩腿一伸，再醒來已是另一個生命的開端了！因此，為免淪落於無邊無涯的苦海業報中，為免墜至暗無天日的三惡道裡，擁有難得人身的我們應常存精進之心，時時以了斷一切因業為努力奮鬥的目標，不貪求凡塵間的功名利祿，不執罣於世俗之恩怨情仇，隨時準備面對無常的來臨，如此，則生有何樂？死又何懼呢？禪師之言：「修行如駕上灘舟，暫歇篙時便下流；若不從茲勤努力，何時撐得到灘頭。」修行做事皆然，若稍一鬆懈，則便可能隨波逐流，浮沉於茫茫業海之中，終致沒頂而亡，能不慎乎！

有一次，佛問眾弟子說：「人的生命究竟有多長？」弟子言：「人的生命不過是數日間而已。」或言：「人的生命不過是吃一頓飯的時間而已。」佛陀對兩位弟子之答不甚滿意，此時有位弟子再言：「人的生命只在呼吸之間。」佛陀言：「對的，人命在呼吸之間，出息不還，即是後世。」

有云：「今晚脫了鞋與襪，不知明朝穿不穿？」人生無常，任誰也無法作主，晚上就寢睡覺後，是否能再見到明日之朝陽，誰皆無把握。由此可知，行善也好，修道也罷，應常保有精進勇猛恆常之心，否則猶如一壺永遠無法燒開之水，白白的蹧蹋寶貴的生命，豈不惜哉！「莫到老來方修道，山頭墳裡多少年？」

生死無常之痛，不論長短大小，皆是一樣的深刻。有一則寓言：有一個人走在森林裡，突然聽到很哀傷的哭聲，但此人卻找不到發出哭聲之人，後來他在路邊發現一隻蜉蝣，就問牠：「你怎麼哭得如此傷心欲絕呢？」蜉蝣說：「我的妻子死了，我真不知我的下半輩子要如何度過？」此人不禁大聲失笑言：「你們的生命也只不過是短短的數十小時，再過幾小時，你也將死去，雖然你太太先走，但相隔的時間也只不過區區數小時而已，你何必哭得如此傷心呢？」然而，從蜉蝣的角度言，幾個小時可能就是我們人類的數十年之長，故其哀痛與我們人類是一樣的深刻啊！

第三節

人身難得今已得——珍惜人身

在偶然的機緣認識一位修行的師父，師父曾勉言：多行善功莫矜誇！然而李生卻當場回嗆：我就是有又如何！孰料……

古德云：「人身難得今已得，佛法難聞今已聞；此身不向今生度，更向何生度此身。」有云：「得人身如爪上泥，失人身如大地土。」佛經對人身難得曾譬喻：想要得到人身，就好像一隻盲龜在大海中浮沉，要抓到一根救命的棍子已經很難了，何況是要找到一根有孔的木棍，足以讓海龜伸出頭來更是難上加難。因此，擁有人身的我們應更加珍惜，即時修行積善，不要白白蹧蹋此難得之身。「隨緣任業許多年，枉作老牛為耕田；打疊身心早歸去，免教鼻孔受人穿。」以下這則事例足以說明修行積善之重要與即時。所謂：「莫待老來方學道，孤魂多是少年郎。」又謂：「莫戀他鄉忘故鄉，快些警覺備資糧；若待閻老傳書信，再想修行已不遑。」

台中有一位李生，生於非常有錢的家庭，由於家境富裕，從小不但豐衣足食，而且有傭人專程照料其生活起居，打理日常一切事務，而李生也因家境好又得父母寵愛，因此從小便養成驕縱跋扈、傲慢不恭的玩世態度，稍有不如意則大聲斥責，毫不留給他人顏面。等到長大成人，順理成章的繼承家中事業，繼續管理父母的產業，由於原有的祖業就非常龐大，再加上李生以錢賺錢的方式，又迅速累積了億萬的財富，因此，平日穿著也極盡奢華之能事，與人相處更是因財大氣粗而從不以正眼看人，其口頭禪：只有我看人無，沒有人敢看輕我！因此，雖然縱橫商場十數年，但真誠與他往來的客戶可說是寥寥無幾，商場上也似乎沒有知心往來的朋友。

有一天，在偶然的機緣認識一位修行的師父，師父曾勉言：多行善功莫矜誇！然而李生卻當場回嗆：我就是有又如何！孰料事隔不久，李生就因喝醉酒開車而撞死在大里橋畔，由於生前的傲慢不恭以及不可一世的口業，雖然人已死，但其魂卻因受業報而無法返家，此段期間李家人也曾經請法師到橋畔引魂，但仍無功而返，因此李生之魂便在橋畔附近流連徘徊，其間受盡了風雷雨作的苦痛與折磨，哀嚎於天地之間，期盼有人能伸出援手救救他脫離痛苦的深淵！在苦難無助中，想起自己活著時，一生所累積的財富，此時竟然毫無用處，對其脫離苦痛也沒有任何助益。生前發下的豪語甚至回嗆師父的勸誡，卻如雷貫耳般的一一顯現，真是悔恨自己的無知，雖然受報於橋畔三年餘後由城隍尊神的引渡出離，然而此去卻茫茫然，因生前所作所為而應受的業報卻還沒開始呢？

死，既然是無可逃避的人生真相，但卻有輕於鴻毛與重於泰山的分別，有人勞碌繁忙，為一己之利而終其一生，非但無益有情眾生，甚至危害鄉里、魚肉同胞，令人髮指與唾棄；但有人卻無私無我奉獻心力於社會而不懈其志，留給後人無限的敬仰與追思。相同的一生，一樣的人生本質，卻因執著瞋恨慢疑、功名利祿、恩怨情仇而產生不同的結果。朋友！要成為怎樣的人？要留給人什麼樣的感覺？完全操縱在自己的手中，您說是吧！

第四節
戲夢人生總難真——黃粱一夢

人活在這世上，有為娶妻生子傳宗接代，有為升官發財金銀滿屋，有為海誓山盟純摯愛情，有為沽名釣譽虛假權位……

在北部有一位簡姓的年輕人，讀完國立大學後，因某種因素不用當兵，所以畢業後就立即外出找工作，最後應聘於某事業單位從事行政員的職務。就在該單位想從事公益，幫助孤苦無依的幼童而設立孤兒院時，因簡生於該單位服務七年期間，熱誠助人、工作認真、任勞任怨，甚得上司的賞識與信任，又發願要為社會盡心，要照顧孤苦無依的幼兒，於是公司便決定將籌設孤兒院的一切事務，都交由簡生打理。

孤兒院成立之初，的確是相當的辛苦，然而幾年下來，孤兒院也稍具規模，並在簡生的努力經營下，辦得有聲有色，於是知名度漸漸打開，而且深獲社會的認同與好評，因此社會人士所捐助的善款源源不斷地湧來，簡生見財源滾滾而來，認為有利可中的黃粱尚未煮熟，短短的一刻卻如天壤之別，怎不令人唏噓呢？

有六趣，覺後空空無大千。」雖然他在夢中已經歷了功名利祿，但醒來時卻發現旅館榮華富貴，最後在甜美的夢境中悠然醒來，發現剛才一切竟是離他好遠，「夢裡明明睡著了，在夢中該書生真的美夢成真，娶嬌妻、生貴子、發大財、做高官，享盡一切位書生，經常幻想自己輝煌騰達、升官發財，有一次投宿在旅館，因太累便伏在案上足，但終歸是夢一場之虛幻不實；歷史上有名的「黃粱一夢」即是一例：話說唐代有山盟純摯愛情，有為沽名釣譽虛假權位……，各有各的盤算，各有各的想法，不一而處尋。」人活在這世上，有為娶妻生子傳宗接代，有為升官發財金銀滿屋，有為海誓帶走些什麼呢？「夢裡堆藏總是金，一場富貴喜難禁，枕頭撲落忽驚起，四壁清風無

想想！善惡到頭終有報，只是來早與來遲。黃粱一夢的人生，當撒手西歸時，又能

玩，當場葬身火窟。

高級別墅、名貴轎車燒得精光，毫無所留，而簡生也因為搶救房中所蒐集的名貴器高達千萬元。就在簡生暗自高興、洋洋得意之際，無常惡報降臨，一場大火將簡生的戶。如此這般的經過了三年多，簡生竟也有大別墅、名貴轎車代步，而私人存款竟也中的貪念妄想就生起，於是便狠下決心，將社會上捐助的善款慢慢的轉入自己的帳四十八歲，家中卻仍無半點橫產，心想再這樣下去，年老時要如何是好呢？想到此心圖、機不可失。於是便起了私心，而又想到自己一路走來雖然努力工作，但如今已屆

第五節

逆轉勝——不再受業報之苦

我如今已經成為劉家的媳婦，名分已定，所以從今天起，家中一切大大小小的事情，都由我作主，凡事我說了算，你們這些老人……

業果之報受，雖是自作自受，無一可免。但如能真心思過、懺悔改宜，亦能在先佛慈悲之渡引下，轉業成智，漸趨平淨。孔子言：「吾日三省吾身。」反觀己身，省思內心，自可改變一生之得失。以下是一位痛徹累世所種業因的智者，終因發願以虔誠禮佛唸佛之心而改變一生之實例。

台中梧棲有一劉姓人家，世代都居住於此，是當地的名門望族。由於世代樂善好施，待人和氣又經常幫助一些孤苦無依的人，因此甚得鄰里的敬重。

而此戶人家因單傳，所以家丁稍嫌薄弱，劉家兩老為期盼人丁能興旺，因此決定及早為其兒子娶妻，希望能改善目前人丁不旺的情形。在媒妁之言下，兒子娶了隔壁村的許姓姑娘為妻。就在兩老喜上眉梢，心想總算完成兒子成家的心願，對祖宗也應有所交代之際，入門才四五天的媳婦，竟然在大廳中見到父母及長輩時，當面嗆說：「我如今已經成為劉家的媳婦，名分已定，所以從今天起，家中一切大大小小的事情，都由我作主，凡事我說了算，你們這些老人已經沒有什麼用了，最好都閃一邊去，不要再多管閒事，否則有你們苦頭吃！」說罷，頭也不回就逕自回房，但留下驚愕不已的雙老與族中的長輩，個個被這突如其來的狀況嚇傻了，都不知如何是好！

劉家單傳一丁，此兒生性厚直，又不善與人爭執，如今竟娶到如此蠻橫不講理的女子為妻。真是情何以堪！往後日子將如何度過呢？從此家中被這位可惡的媳婦鬧得雞犬不寧，而兩老也先後鬱鬱而終，撒手離開人間。劉生夫婦先後生下三個兒子，但三個兒子卻不知上進，整天遊手好閒、欺壓良善、稱霸於鄉里，甚至經常不分是非對錯，三兄弟集體出動找人吵架鬥毆，令劉生頭痛不已、傷心至極，卻又束手無策，不知如何是好？就在煩心憂愁之際，門外來了一位雲遊四方的出家師父，向劉生化緣後，留了一首偈便離開。偈之內容：

生前不知修善因
欺人稱樂自斷福
今世轉入為別事

怨言推心也奈何
唯勸從此佛前修
懺悔了業或可平

劉生從此在家設立佛堂，終日唸佛不斷，一心懺悔省思，期盼能早日化解冤結，更希望家庭能一團和樂。在設廳唸佛三年多以後，平日遊手好閒的長子，竟也會同入佛廳靜修唸佛，其後更皈依為佛門中人；二子也成為一位外科醫生，自己開設一家醫院，三子成為教師，為作育英才而努力，並且一路精進，目前已是一名優秀的學校校長。

看完此故事，有何感想？是已經要整裝待發了！還是仍坐在沙發上唉聲嘆氣呢？

第五章 千呼萬喚始出來

（如何才能得知三世因果）

有一天在回家的路上，偶然看見巷子內有一群人，大家聚在一起議論紛紛，本以為選舉到了，應該是在談論一些政治議題或聊一些八卦新聞，但是又發現有人不斷向屋內探頭，在好奇心的驅使下，我便往人群方向移動，等到接近圍觀的人群時，才發現原來是一間宮堂，而他們在聊的不是政治八卦，而是神佛如何的顯靈，又是如何的神奇。中部的阿花，在神佛的處理後，多年的痠痛竟不藥而癒；南部的阿草，有一次夜晚出去，返家後就整天恍惚不安、魂不守舍，後來也在神佛處理後恢復了昔日的光彩；而北部的阿忠人很老實，待人也和善，卻出了個不孝兒子，整日遊手好閒、打架滋事、頂撞父母，後來也在神佛的化解下，整個人如脫胎換骨般，一百八十度的轉變，現在不但孝順父母而且也會外出工作賺錢養家。

正在大家七嘴八舌的聊著一些靈驗的事蹟時，宮中響起鐘鼓聲，此時大家往宮內擠，而我也將視線移向宮內，首先映入眼簾的是一位神佛的使者，頭上帶著一頂像船形般的帽子，身上穿了一件盡是補丁的袈裟，而袈裟前則是一大串的佛珠，左手拿著葫蘆，右手則拿著羽毛扇子且不停的搧著，我想這一定是民間大家所熟悉的濟公師父的乩身，正在為信徒們排難解紛或處理一些所謂的疑難雜症吧！心想看看也不錯，管他是真還是假，至少可以增廣一下見聞。於是便佇足一段時間，此時正看見濟公師父的乩身，在對一位滿臉愁容、憂心忡忡的信徒說：「弟子啊！你兒子這輩子會得這種怪病，完全是因為上輩子殺生太多，一些被殺動物的靈，由於怨氣太重，不肯善罷甘休，因此就群起索討，所以造成你兒子目前所得的怪病，連醫生也束手無策吧！造孽呀！冤冤相報何時休！為今之計，只有叫你兒子日日懺悔、時時思過，再多做一些善事，積一些功德迴向給它們，求其諒解吧！」

這也許就是民間宮堂所謂的「三世因果」查辦吧！在回家的路上，我不斷的思索著，如此這般冤結就能解開嗎？怨氣糾纏就能一筆勾銷嗎？此位憂愁老父兒子的怪病何時能痊癒呢？三世因果真能如此簡單就化解嗎？查辦三世因果是所有宮堂都可以嗎？宮堂所依憑的旨令又是什麼？三世因果能否在這輩子就完全化解？腦中浮現太多的問號，期望將來有釋疑的一天。

目前在社會上所聽聞或接觸的「三世因果」的查辦，很少能深入到「標」、「本」兼治的境界，多數在治標方向上打轉。健康有問題、婚姻有狀況、事業犯小人、財運難周全、祖源有阻礙……等等，一切人生所面臨到的問題，就單純的只從健康、婚姻、事業、財運、祖源等單方面去處理化解，簡單的說就是「頭痛醫頭，腳痛醫腳。」至於形成此問題的原因是什麼？為什麼會形成？又為什麼會在此時顯現出來？狀況是輕微或是嚴重？此問題需要處理幾次才能根本化解？處理的方式有哪些？此問題會牽連到哪些人、哪些事、哪些物？凡此種種似乎比較少提及。

三世因果包含了前世的冤結糾葛、今生的一切作為以及祖源脈流、名分歸屬、身教言教陰陽兩面的交替作用及影響，複雜程度是難以想像與理解的，更不是單靠人的智慧就能清楚明白而得知的。因此，為了終結輪迴的噩夢，為了來世能無債一身輕，更為了如一般人所說的去「做神。」對於三世所帶來的一切冤結，所有的糾纏，不管是你欠人家的，還是人家欠你的，都希望明白清楚。

到底我們有哪些冤結糾纏？這些冤結是如何形成的？形成以後對我們造成了哪些影響？我們有能力化解嗎？這輩子解開了多少亦或是結了更多的冤結？這些錯綜複雜的冤結糾葛應如何去釐清理順解開呢？又能否在這輩子將一切的冤結完全化解呢？既然已經來到這個娑婆世界，也如佛家所言人身難得今已得，就應把握住如此得來不易的機緣，好好想一想，認真用心的去追尋，期盼能有了然的一天，即使無法完全理清解決，但畢竟已盡心力問心無愧，也不枉此生走一遭。

至於如何得知三世因果？得知的方法有哪些？得知的深度是如何？有哪些人、哪些教脈或宮廟院堂能有如此的使命？哪些代天宣化的門徒有如此的宏願誓心？又有哪些聖神仙佛曾經發下此大誓願呢？這些都是決定能否查辦三世因果的重要條件。再者，有哪些人俱足查辦的因緣？他們得知的目的是什麼？知道後是否勇於去面對，還是只以功利角度去看待因果？是否真心想追尋生命的本元？想要查辦時應該有什麼先前功課與做何種之準備？其查辦時的態度又該如何？凡此種種都必須是清清楚楚與明明白白的。否則豈不是如兒戲一般，失去了得知的機緣又辜負了神佛救世濟人的大誓願心嗎？

總而言之，查辦三世因果是一件非同小可的大事，所以必須俱足的條件與因緣真是不少，但基本的條件簡單的說，應有四大項：即教門的使命職責、神的大誓願、代天宣化的門徒誓心以及欲查辦者的心態與動機。至於查辦的方法與化解方式，在往後會有專書加以論述。

三世因果既然對我們今生甚至來世都具有相當大的影響，因此在查辦的過程中就應以虔敬的心來面對，切不可既想知道三世因果，卻用懷疑傲慢、輕浮不敬的心態去處理，否則即使神佛有再大的誓願心或慈悲心，也可能會因你的心態不對而喪失了得來不易的機緣。

假日的早晨，剛起床就接到朋友來電，電話中顯得無精打采，經詢問得知，原來他在最近碰上了一些莫名其妙的事，事事不如意，卻又不知該如何是好？所以顯得相當無助與無奈。目前正處於人生的最低潮，卻又不知應該如何做才能突破困境。聽朋友說，在台中有一間宮堂辦事相當靈驗，想去請教看看，說不定有機會改善目前的窘況，因此想邀我一同作伴前往。對於這類的事，平常我就滿有興趣的，再加上今天也剛好沒有什麼特別的事要辦，於是當下便應允了。與朋友約好會合時間與地點便出發了，約莫半個鐘頭的時程就到達了目的地，下車後依儀規順序上香並且誠心稟告後，就與朋友站立一旁等候，就在等候的當時，聽見神佛在訓斥一位看來不是很虔敬的信眾，並且將其請至外面，不願處理該信徒的問題。後來稍一打聽，得知此位信徒在問事時，不但語氣不佳而且態度傲慢，對於乩身所傳達的事，不是嗤之以鼻就是口出狂言當場頂撞，似乎存心找碴，所以就在問事的當下，被當場請了出去。聽完整件事情的原委，內心不禁思索著，怎會有如此不敬的信徒呢？既然要請神佛幫忙化解人生的疑難，又何必用如此傲慢的態度呢？不但問題無法化解，更因此而多的一項不敬神佛的罪過，何必呢？值得嗎？

第六章 無債一身輕——苦盡甘來

（三世因果如何能一世清）

人生數十寒暑，有什麼留得住的呢？無常來臨，盡是南柯一夢，當撒手西歸時……

前言

世人一生在功名利祿中打滾、在恩怨情仇裡翻轉，曾有多少人真正看得透呢？人人皆知放下！放下！但真正放得下的又有幾人呢？「人人盡道休官去，林人何曾見一人？」口中喊放下，而實際放不下；錢要賺到滿，權要抓滿手，官要做到死，位要居顯赫，不論是世俗凡情之徒亦或修禪求道之人，皆沉迷於錢權名慾之洪流中；「天下熙熙，皆為利來，天下攘攘，俱為利往。」清乾隆皇帝遊江南時，立於金山寺，見長江中熙攘來往之船隻，便問寺僧：「你看江中有多少艘船？」僧人回答：「老僧只見兩艘船，一艘為爭名，一艘為求利。」真是一語道破凡俗世人追求功名利祿之貪婪相。仔細思之，人生數十寒暑，有什麼留得住的呢？無常來臨，盡是南柯一夢，當撒手西歸時，又能奈何？又有多少能緊抓不放的呢？黃土一堆罷了！

從前，有位乞丐向一位禪師乞食說：「慈悲的禪師啊！我與妻子兒女已經好幾天都未進食了，請你施捨一點東西給我們吧！」禪師聽後，同情之心油然而生，但身旁既無食物也無金錢，於是就將要替佛祖重塑金身的金箔給了那位乞丐，請其拿去換錢後買些吃的東西。當時禪師的一些弟子皆表示不滿與無法諒解。於是禪師就向弟子們解釋說：「我這樣做，實是為了尊敬佛陀而做的決定。」弟子們認為是師父的推託之詞，更加不滿的說：「那乾脆把佛像變賣後，拿去佈施豈不更加顯示對佛陀的尊敬！」禪師忍不住的喝斥眾弟子言：「佛陀在世時，能捨身餵虎、割肉餵鷹，那種大慈大悲的精神，為何身為佛弟子的你們無法去體會其真意呢？真是惜哉！」

此人回答佛陀說：「只要能救我上去，我什麼都聽祢的，您快告訴我該如何做……

第一節

有捨才有得——放下

從前印度有一位修行很好的梵志法師，因為他的講經說法非常精彩，每次說法時，都有天龍八部來護法，有時天女亦會來散其花，以增加其說法之殊勝法益，甚至連閻王都會來聽法。有一次當他說法結束後，閻王卻在一旁哭泣，梵志法師對閻王言：「何以哭泣呢？」閻王答說：「法師雖然善於講經說法，但未證得漏盡通，數日後法師將會墮到和我同層次！」梵志法師聞言非常惶恐與驚訝，便請教閻王解脫生死之道，閻王言：「我實在無法幫你的忙，不過你可以去請教佛陀！」梵志法師於是帶了兩盆花去請求慈悲佛陀的開示，佛陀見梵志法師便言：「梵志，放下！」梵志法師放下左手拿著的花。佛陀又言：「梵志，放下！」梵志法師放下右手的花。佛陀再言：

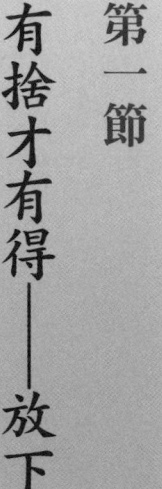

「梵志，放下！」此時梵志法師心中納悶：「兩手之花皆已放下，佛陀何以還說放下呢？」便恭敬的對佛陀說：「慈悲的佛陀啊！我雙手已空，還要放下什麼呢？」佛陀說：「我不是要你放下手中之花，而是要你放下一切塵緣業執，放下心中一切的執罣。」

由此小故事得知，世人皆知「放下！放下！」但真能放下的又有多少人呢？若無堅定毅力、宏大的誓心願力真是難如登天啊！

紅樓夢中有一首「四了歌。」其歌詞「世人都曉修行好，只為功名拋不了；古今將相在何方？荒塚一堆草沒了！世人都曉修行好，只為錢財拋不了；生前只怕聚不多，及到多時眼閉了！世人都曉修行好，只為嬌妻拋不了；君生日日說多情，君死又隨人去了！世人都曉修行好，只為子孫拋不了；痴心父母古來多，孝順兒孫誰見了！」世俗凡情之人也好，入門修道者也罷，自古至今有多少人真正放得下的呢？大家皆言：「修行是了斷因業的良方，行功佈德是增進福報的不二法門。」但靜心思之，眾生中不論是在紅塵中打滾的，亦或入聖業之門的修行者，有幾多人是真正懂得「放下！放下！」的呢？大多說說而已，難怪有人說：「世上修道者多如牛毛，但得道開悟者卻少如兔角。」

從前有一個出外工作的人，有一次經過陡峭險峻的懸崖，由於不小心，便摔落深谷，當落至一半時，雙手突然攀抓到懸崖壁上的枯樹，總算不再往下掉，但懸在半空中卻進退不得，正當千鈞一髮之際，突然看到佛陀站在懸崖上，慈悲的看著他，此人見狀，欣喜若狂如獲救星的祈求佛陀說：「慈悲的佛陀啊！求您救救我吧！」佛陀慈祥的說：「我可以救你，但你得照我的話去做，我才有辦法救你。」此人回答：「只要能救我上去，我什麼都聽祢的，您快告訴我該如何做？」佛陀說：「好吧！那麼就請你把攀在樹上的雙手放開。」此人一聽，心想：把手放開，一定會摔落至萬丈之深淵，不粉身碎骨才怪呢？於是更加用力的抓住樹枝不肯放手，佛陀見此人執迷不悟，只好搖頭的離去。

「捨得！捨得！有捨才有得。」財之於人，若一味的只進不出，則猶如一灘死水，再多又有何用呢？積的愈多、聚的愈滿，則愈是銅臭四溢，不堪其擾罷了！俗謂：「錢要用了才是屬於自己的。」若放著而不善加利用，則只是一位存款簿數字增加的守財奴而已，對人生之助益、對生活品質之提升、對生命本質之啟發、對心靈之安住、對因業之了斷，助益會有多少呢？社會上留錢財給後世子孫，造成子孫為爭奪財產而反目成仇的不勝枚舉。生前奮鬥努力的結果，換來子孫的貪怨仇恨，不但對子孫沒有幫助，反讓子孫造下更多的業，實是得不償失。俗謂：「留財不如留德」；「積善之家必有餘慶。」與其讓子子孫孫為財而傷親情，不如多佈施行善積德庇蔭子孫來得踏實些。

第二節

何不轉個彎——不執著

人總以親眼所見、親耳所聽為真實的，事實真的如此嗎？看不見的就一定不存在嗎？

不同的動物有不同的習性，而生為萬物之靈的人有習性嗎？當然是有，而且還不少呢？就因為習性重因此就會有執著的毛病。人類鍾情於喜怒哀樂愛慾惡、功名利祿恩怨情仇中，動物執罣於累世之習性與貪瞋癡迷裡，而這種執著，往往容易被忽略，若不用心內觀，還很難察覺出來。有人喜歡吃辣，有人喜歡嚐苦；有人喜歡聽蟲鳴鳥叫，有人晚上睡覺要開收音機；有人愛乾淨一天洗好次澡，有人願當逐臭之夫；各有各喜歡吹的調，一般人是很難去改變日積月累所養成之習性，所謂「江山易改本性難移。」甚至連動物亦有其偏愛之性，蠶非桑葉不食，老虎獅子亦以肉食來滿足其口腹之慾，至死不渝。這種執著是很可悲也很可怕的，當身陷其中時，會讓自己固執到無轉圜之餘地。

有一則笑話：有一位嫉妒心很強之女人，每當晚上先生返家後，都會去翻先生的襯衫領子，看看是否有女人的頭髮、唇印或香水味道，若被找到，則大吵大鬧罵先生沒良心，有一次，由於連續好幾天都找不到有女人的長髮，便坐在椅子上痛哭，先生很納悶的問：「怎麼又無緣無故的哭呢？」妻子答說：「我已好幾天都沒在你的衣服上找到女人的長髮了！」先生說：「那不是很好嗎？」妻子答說：「沒想到現在的你竟然淪落到與禿頭的女人在一起。」此雖是一則令人覺得不可思議的笑話，但當人之嫉恨瞋怨心一起，是無法以常理視之的，因為在恨中找不到愛，在怨中尋不著諒解，無名火終會燒毀應有的理智與思緒，最後在無知悔恨的漩渦中翻轉不出來。

「萬法唯心造，凡所有相皆是虛妄。」世間一切萬物皆是因緣而生，故有其時限性，無法永存於世。人之行事或悟道若執著於外相，則可能自限於狹窄之境域，難有宏遠之視野。猶如井底之蛙所見之天，永遠是那麼小的一個圓，很難跳脫原有之框框。唐朝時，有位修行境界不錯的丹霞天然禪師，有次到一座寺廟掛單，由於當時天氣嚴寒、到處霜雪紛飛。丹霞天然禪師就取下佛殿中木雕的佛像烤火取暖，恰巧被寺中的師父撞見，於是大聲斥責丹霞禪師言：「你身為一位佛弟子，怎可如此大膽的燒毀佛像呢？」丹霞禪師回曰：「我不是在燒毀佛像，我是在燒舍利子！」寺中的師父言：「簡直是一派胡言，木雕的佛像哪有舍利子？」丹霞禪師又言：「既然木雕的佛像沒有舍利子，那留著有何用呢？不妨全部取來取暖還有其價值些！」人總以親眼所見、親耳所聽為真實的，事實真的如此嗎？看不見的就一定不存在嗎？我想未必。空氣、瓦斯、電……等等皆非肉眼可見，但你能否認它們的存在嗎？因此不要執著外相。

無明是一切煩惱的根源。因為無明，所以凡事癡迷、自以為是；因為無明，所以內心充滿疑懼與不安；也因為無明，所以常用黑暗、煩惱之心來面對人生一切事物。內心黯淡無光，生活自是無活力、無光明，那麼此人可用一句話來形容即「人生是黑白的。」那該如何來破除黑暗無明的人生呢？讓自己的生活由黑白轉變為彩色的呢？我想，唯有點燃自己的心燈，讓內在的心充滿活力、充滿光明，才是解決問題、消除煩惱的根本之道。俗云「一燈能照千年黯。」在一間漆黑的房子裡，如何讓其立即充滿光亮？最快速有效的方法即是將燈點起。心燈點燃後人生就漸起光明，至於要如何使心中之燈永不熄滅、永遠光亮無比呢？就得「煩惱平息、自淨其心。」果能如此，就能如茶陵郁禪師所言：「我有明珠一顆，久被塵勞封鎖；今朝塵盡光生，照破山河萬朵。」

業執之害真是令人心驚膽顫！人之執猶如鋼筋混凝土之固，人之偏又如岩壁峭石之堅。要想將其敲碎瓦解，若不下一番工夫，付出相當之代價，是很難將其拔離溶化的！因此，值得我們深思的是，應時時警惕處處提醒自己，要保有敏銳覺悟之心思，隨時反觀自性。經常反問己心，如此是執著嗎？這般是偏罣嗎？在執偏尚未形成時或剛顯現時，立即予以調整修正。如次執偏之害才能減少到最低程度，甚至化解於無形，您覺得呢？

清朝時期有一位李家的女子，在媒妁之言下，於二十歲時嫁給南方的一位員外當三姨太，此位員外雖已四十多歲，但對三姨太卻是疼愛有加，不僅照顧其娘家的父母，也對她言聽計從，所提的要求沒有半點的推辭，真是極其寵愛之能事，甚至將家中大小事務都交由她去掌管作主。此位三姨太從小出身於貧寒的家庭，常受人欺負，如今依靠美色而能深得員外之喜愛，終能出一口壓抑已久的怨氣。於是在府中稱霸稱王，府中上下五十餘人沒有人敢違抗她，甚至連大老婆亦得忍氣吞聲，不敢有半點怨言。

有一天，員外取銀五百兩，交由大老婆外出辦事，並交代隨從要好好照顧，此事被三姨太得知後，怒從心生、憤怒不已。心中瞋怨員外怎可如此，平日雖然很疼愛她，卻也未曾給過她這麼多的銀兩，如今竟然瞞著她，給大老婆如此之多的錢，叫我如何嚥得下這口氣呢？於是交代親信的家丁，去奪回銀兩，並許諾事成後要給他五十兩，就在事隔三天後，官差登門將員外及所有家丁押走，罪名是侵吞官稅。因此之故，員外及半數家丁都被斬首，而此女也成為一名罪婦，被放逐到外鄉從事苦力的工作達三十餘年。此期間日日受苦刑，夜夜輾轉反側難以入眠，痛苦後悔不已。就在四十九歲那年，因不小心跌入井中而命喪黃泉，死前得知五位兒子都以粗活為生，生活過得很是辛苦，更令其感嘆痛悔自己所造下的冤孽。

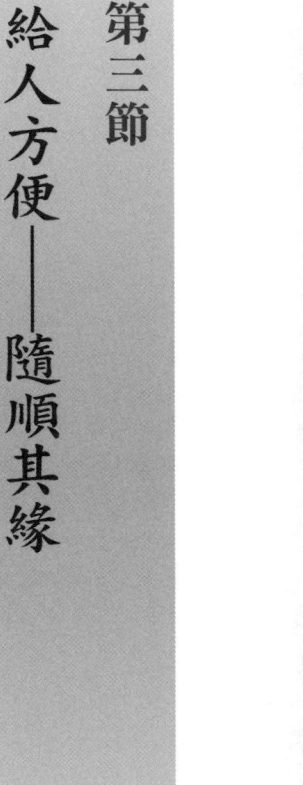

第三節

給人方便——隨順其緣

佛陀接著說：「如果有一塊很大的石頭，放在河上不但不會下沉，而且過河以後，一點也不會沾濕……

一般人行事皆以情緒而論，順眼者多來往、好相處，不順眼者理都懶得理，甚至連看見其人，就會有一股莫名之氣由內而發。也許這與累世之因緣有關，但此生既然有緣再會，則不論往昔所結之緣是善緣或是惡緣，皆應以和善之心、關懷之情去相待，若能如此則即使以往是有冤有結，也必能於此生圓滿化解，減少往日甚至來世之纏牽，何樂而不為呢？須知廣結善緣、多結交朋友，則不論在事業上、在工作上、在為人處事上，甚至在修行之道路上，或多或少總是有所助益的。有道是：「多一位朋友就少一位敵人！」人生的旅途上，阻礙愈少、仇人愈少、扯我們後腿的人愈少，則我們成功的機會就愈大、相對的不喜歡我們的人少了，則在修行的道路上，牽扯冤結就愈少，纏牽既少則有形、無形之阻力必然減少，如此，成就之機會是不是比他人來得大呢？所以，凡事應以多方面的角度去思量，不要只執著單一之想法與看法，自以為是之人，往往與成功擦身而過，甚是可惜！

有一個人在河邊架了一張捕鳥的網子，其網子下面放置一堆引誘鳥兒的食物，並且躲在隱蔽的地方等待鳥兒自投羅網。有一群鳥見地面上有很多好吃的食物，便很高興的飛下來食用，捕鳥之人見機不可失，立即收網。不料眾鳥見網，紛紛展翅飛起，於是連同捕鳥之網一起帶走。捕鳥之人驚慌之餘，決定隨著鳥群的影子追逐到底，追趕中不時的抬頭望著空中，路人見此，皆好奇的問他：「你在做什麼？為何邊跑邊看天空呢？」捕鳥之人說：「我正在追逐空中的那群鳥。」路人望向空中，發現那群鳥已經飛得很高很遠了，根本不可能被追到，於是好言勸捕鳥之人說：「你不要再浪費時間及體力了！」然而捕鳥之人並不死心，且回答說：「那群鳥現在雖然飛得又高又遠，但並不同心，只要天黑，牠們就會想各自飛回家休息，到時一定會四處亂飛，鳥網也會因此之故便掉落下來，只要我還看得到牠們的蹤跡，就一定可以捕捉到牠們。」果不其然，當太陽下山時，鳥群就因急著返家而四處飛竄，最後因不同心，無法往齊一之方向飛翔，終至摔落地面，慘遭捕鳥人之殺害。

俗言：「相逢自是有緣；不是有緣不聚首。」人之相聚或分離，皆有一定之時空因緣，既然能聚在一起，就應好好珍惜得來不易之緣，大家齊心為團體、為社會、為國家做點有意義的事，千萬不要自私自利、鉤心鬥角，害人又害己，豈不惜哉！

佛陀有次與弟子們在河邊散步，隨手撿起一塊石頭，然後問弟子說：「如果我把這塊石頭丟進河裡，石頭會沉下去還是浮上來？」弟子們你看我、我看你就是沒人應答，因為大家心裡都清楚，石頭丟入河裡，當然是沉下去，怎麼可能會浮上來呢？這道理師父當然清楚，但是如果這麼簡單，師父又怎麼會問我們呢？一定有不同的涵意。就在弟子們面面相覷時，佛陀已經將手上的石頭丟入河裡，石頭也立即沉入河底，弟子們看了都說：「石頭已經沉入河裡了。」此時佛陀深深的嘆了一口氣，說：「這塊石頭沒有善緣呀！」弟子們聽了更是丈二金剛摸不著頭緒，個個一臉茫然，這石頭入水當然是沉入水裡，跟善緣或惡緣又有什麼關係呢？佛陀接著說：「如果有一塊很大的石頭，放在河上不但不會下沉，而且過河以後，一點也不會沾濕，有誰知道這是怎麼回事嗎？」弟子們絞盡腦汁，還是想不明白其中的道理。佛陀說：「其實很簡單，因為那塊石頭有善緣，而它的善緣就是船。試想把一大塊的石頭放在船上，石頭當然渡過河而不會沾濕。人也是一樣，如果能廣結善緣，多做好事，多幫助人，那不管在事業上或人際關係上，一定經常會有貴人相助，如此成就的機會當然比一般人多。」

的確是如此，做人如果能「給人方便、給人歡喜、給人希望。」而且能「不傷人心、不逆人意、不斷人路。」相信在家庭裡、在社會上、在職場中，必定是一位大家都歡迎而且想親近的人，如此在人生的旅程中何愁沒有貴人提攜相助呢？

第四節
不要讓洪水猛獸吞噬了你——寡慾

我一生這樣忙忙碌碌，為累積更多錢財而縮衣節食，值得嗎？從明天開始我要善待自己，好好的享受美好的人生。」當他沉浸在未來美麗多彩多姿的生活時，突然看見一位老人站在他身旁……

八仙中的呂仙祖想至凡間收徒弟，祂的七位神仙兄妹就問祂：「祢收凡間之徒弟有何條件？」仙祖言：「條件很簡單，只要不貪心就好。」眾神仙兄妹言：「這個要求對凡間而言是難上加難，祢不可能收到徒弟的，因為現在的人世間已經找不到不貪心的人了！」仙祖言：「我不相信世上真的已無不貪婪之人，我還是要下凡去試一試。」於是仙祖就化身為一位老人至凡間擺攤子賣湯圓。祂在攤位的左邊寫著：一文錢吃一個；右邊則寫：兩文錢吃到飽。每天人來人往，但總是付兩文錢吃湯圓，從未有付一文錢吃一個湯圓的人。仙祖賣了自己所訂的四十九天期限，眼看就要到了，心想：「難道如我那七位神仙兄妹所言，這人世間真的已無不貪心之人嗎？」正在懊惱之際，來了一位小孩，對著仙祖言：「給我一個湯圓！」仙祖喜出望外，莫非此小孩就是我在凡間要找的徒兒？小孩吃完一個湯圓後，轉頭就要離開，仙祖見狀急忙叫住他問：「小朋友你為什麼不付兩文錢吃到飽呢？」不問還好，一問，小孩便嚎啕大哭並數落著母親的不是：「我那沒良心的母親，好說歹說就是只肯給我一文錢，我再三懇求她說，兩文錢可以吃到飽，但她始終無動於衷，死也不肯給我兩文錢！」說完又是一陣痛哭。仙祖長嘆一聲，罷了！於是就化為一陣輕煙飛回天上去了！

癡人言：「人無橫財不富，馬無野草不肥！」又言：「人為財死，鳥為食亡！」財之誘人如嗎啡毒品讓人欲罷不能，真可說害人又害己。該得之財物心安理得，非分之財亦得有命享用，否則到頭來亦是南柯一夢，夢醒皆空。錢財之多寡，自有定數，強求不得，莫因財惹禍，得不償失。

從前有位視錢如命的守財奴，整天省吃儉用，不要說佈施積德，就連買一點好吃的東西慰勞自己也捨不得，唯一的嗜好就是積聚金幣。每天睡覺前一定要數完積聚的金幣，才能安心去睡覺；而他的心情也隨著金幣的增加而興奮不已。有一天晚上他數完五萬個金幣後，心想：「我一生這樣忙忙碌碌，為累積更多錢財而縮衣節食，值得嗎？從明天開始我要善待自己，好好的享受美好的人生。」當他沉浸在未來美麗多彩多姿的生活時，突然看見一位老人站在他身旁，守財奴緊張萬分，以為此老人是為搶奪他的錢財而來，於是大聲斥喝此老人說：「你是誰？你想要幹什麼？」老人不慌不忙的說：「我是掌管凡人壽元的使者，今你的壽元已盡，我是來帶你到地府報到的！」守財奴一聽，既害怕又恐慌的央求老人說：「使者！我給你兩萬個金幣，請你讓我多活三天，讓我好好的看看這可愛的世界！」使者搖頭不應。守財奴又說：「好心的使者，我真的很想多看一眼這美麗的人間啊！我給你四萬個金幣，求你讓我多活兩天吧！」使者仍是搖頭不應。守財奴再說：「慈悲的使者啊！我把全部五萬個金幣通通給你，我已一無所有，求你只要給我一天的時間就好！」使者還是搖頭並且回答說：「每一個人離開人世間時皆是一無所有，你就不要廢話連篇，快跟我走吧！」守財奴痛哭流涕的說：「好吧！既然要死之事沒得商量，那我把所有金幣都送給你，你讓我多活五分鐘，好讓我留言幾句給後世人，以做為人生之借鏡與警惕！」使者言：「好吧！那就給你五分鐘的時間吧！」守財奴邊傷心邊寫道：「世俗凡情之人啊！不要整天只想榮華富貴，金銀堆積如山；應把握當下，即時修行，好好珍惜得來不易的人身啊！否則無常厄臨，即使用一生所累積的財富，也換不回一天的時間啊！」

聖賢謂：「不結良緣與善緣，苦貪名利日憂煎；豈知住世金銀寶，借汝閒看幾十年。」一生前不知修行，只知累積錢財，當想安享餘年時，卻因無常而懊悔不已！

賢者言：「斗米千錢我不收，十三年返故家園；兒孫自有兒孫福，莫為兒孫做馬牛。」人之一生，勞勞碌碌，為家庭、為事業、為兒孫、為錢財，努力打拼了一輩子，但轉眼成空；甚有不肖子孫為遺產反目成仇，非爭個你死我活不可，罔顧親情倫理，真是情何以堪！因之，與其留給後世子孫爭產殘殺，不如多積點德庇蔭子孫。古之名言：「積善之家必有餘慶，造惡之家必遭餘殃。」

人之慾望，若往正向發展，是促進人類奮發向上之原動力，也是社會進步繁榮不可或缺的必要元素。人們為了擁有它，努力不懈、衝勁十足，為達人生之理想與目標勇往邁進，俗言：「人類因有夢想而偉大。」有了慾望就會有夢想，有了夢想就會苦幹實幹，有了不怕勞苦的精神則終有出人頭地的一天。反之，慾望若往負面發展，則貪癡之人為達牟取之目的，定是不擇手段。甚言：「人不自私天誅地滅。」若此則社會、國家永無寧日。上下交爭利，可憐眾生必是痛苦不堪、怨聲載道。因此，慾望猶如水之載舟與覆舟，豈可不慎哉！

有一故事：從前有個樂善好施、行功佈德的大善人，死後閻王很敬重的問他：「你在陽世做了很多好事也幫助很多的人，因此，來生你想投胎到何處？或有任何的願望，我都可以滿足你，實現你的願望。」善人聽後高興不已，眉開眼笑的對閻王說：

「其實我也沒有多大的願望，只是簡單幾項而已。」閻王聞言說：「善人你不必客氣儘管提出，我言出必行。」善人言：「我的願望如下之八句詩：父做尚書子狀元，繞家千頃好良田；充庫稻粱並米穀，盈箱綾羅與金錢。魚肉花果盤盤有，嬌妻美妾個個賢；身居一品王公位，安享榮華壽百年。」閻王一聽馬上從座位走下來，向善人言：「世界上竟然有這麼好的地方，那閻王由你來做，我先去投胎了！」

第五節

滴水之恩湧泉以報——心存感恩

李女本以為死後便能一了百了，毫無牽掛，誰知魂斷入冥後，卻是……

人之所以煩惱不斷，皆在慾望之無窮，人之慾心猶如無底之深淵，永無填滿之期，為免慾海煩惱，老子之所言：寡慾、知足，可說是一帖良藥；因為寡慾所以清心，因為知足所以常樂，既常樂又清心，何來煩惱？曾聽過一則永不滿足現狀的故事其大意如下：

從前有一位石匠，每當在採石時，便牢騷滿腹怨天尤人，恨自己的命運不好，怨老天不公平。有一次，在劈開石頭時，突然跳出一位老人，老人對石匠說：「我是一位無所不能的天神，今天有緣，為了不讓你再怨天怨地，我可以滿足你五個願望。」石匠說：「我希望變成一個很有錢的人。」天神實現了他的願望。自從石匠變成有錢人後，整天無所事事，他已擁有所有可以用金錢買得到的東西。有一天，石匠在街上走著，由於被太陽曬得直冒金星，便抱怨說：「要是能變成太陽就好了！」天神答應了他的要求，變成太陽的石匠心想：「不讓地上的人們嚐嚐我的熱力，怎能顯出我的厲害？」正當他陶醉在自己的威力時，突然飄來幾朵黑雲，遮住了他的熱氣。石匠又祈求天神，希望自己能變成一朵雲，因為雲比太陽厲害多了！天神又滿足他的要求。變成雲的石匠，自由自在的在天空飛翔，心想：「讓我下一場暴雨把大地的一切皆沖到海裡去吧！」於是一場狂風暴雨席捲了大地；然而不論他如何的用力，山始終無動於衷，一動也不動，於是石匠再度請求天神讓他變成山峰。天神又馬上實現他的願望。變成山峰的石匠，雖然英姿挺拔、雄偉無比，有一天，當他志得意滿時，突然發覺山腳下，有一個人拿著各式各樣的工具在挖掘他的身體，並把挖下的東西搬走，變成山峰的石匠驚恐萬分、緊張的很，心想：再這樣下去遲早會被這個人挖平的。於是他再度懇求天神將其變成那個人。天神告訴石匠：「你已經用掉四個願望，只剩一個願望，你確定要變成那個人嗎？」石匠說：「不必再說了，祢只要把我變成那個比山峰還強的人就是了！」天神伸手一揮，石匠又變回原來的樣子，拿著沉重的工具，站在山腳下繼續辛苦的採石工作了。

人的需求越多則慾望越大，慾望越大則越不容易滿足現有之一切，當不滿之情緒由心而生則嫉妒憤世之怒，便積存於內心深處，長此以往，則對一切事物都會看不順眼，別人對其好亦會認為是理所當然的、本來就應該的，沒什麼好感謝的。既不知足，也不懂感恩，生活如何能歡喜自在呢？不知感恩的人，其潛藏在內心深處的一定是負向的能量，凡事也會以消極的、負向的態度去面對，最後也會以悲劇為收場，實在是值得我們認真去思考。

有一李姓人家，三代以來都世居於台中，家中次女名為梅香，從小備受父母之寵愛，因此養成了叛逆的個性，待人霸道，處事也極為幼稚，對父母的教導，不是愛理不理就是當面回嘴頂撞，然而父母卻覺得沒有什麼關係，溺愛到了極點。此女於二十一歲時奉兒女之命嫁給一位生意人，而值得父母慶幸的是，此女之丈夫溫順有禮，待人和氣善良，工作認真努力，是很有事業心的一位年輕人，因此父母對於這位女婿稱許再三，甚為放心的將女兒交給他。結婚前幾年，夫唱婦隨甚是恩愛甜蜜，即使已經有了兒女，夫妻的恩愛程度仍不減當年新婚之時，此種恩愛甜蜜之情景，不知羨煞了多少人。結婚七年多，大兒子已經上小學了，先生則因事業的擴展而更加忙碌，每天早出晚歸，日日以工作為念，幾乎將所有的心思都用於事業上，也因為如此，所以每天回到家裡，不是臉色難看，就是累垮在沙發上而不想言語，以前只要一回家就會陪著孩子玩，與妻子說說話、散散步，如今卻懶得多說一句話，也不太理會孩子，態度之轉變令妻子起了疑忌，認為先生變了心，一定是在外另結新歡。太太誤會先生忽略了他們母子的存在與感受，而先生則認為太太無理取鬧，完全無法體會諒解他在外面打拼事業的辛苦。因此之故，三天一小吵，五天一大吵，昔日的恩愛甜蜜已經消失的無影無蹤，家庭陷入不斷的爭吵，夫妻形同陌路，先生因受不了太太的冷言冷語，而常以事業繁忙為藉口，晚上都不回家。終於雙方走上了離婚之路，從此各分西東，男婚女嫁毫不相關。離婚後李女以為可以將之前的爭執怨恨放下，從此過著消遙自在的生活。然而離婚後生活頓失依靠，日子過得相當辛苦，又當兒女來會時更是傷痛欲絕，只要想起從前的先生，無名火就油然升起，總以為先生無情無義，因此經常詛咒先生不得好死。李女心中亦是悔恨不已，恨自己之前的無知、恨自己的無能為力，更煩憂往後日子將要如何的過下去，就在時時埋怨悔恨、日日痛不欲生下，跳樓自殺而亡。

李女本以為死後便能一了百了，毫無牽掛，誰知魂斷入冥後，卻是苦痛的開始。魂斷當天，回家看見父母兄弟姊妹撫摸著自己的身軀而哀痛欲絕時，更令李女因痛悔難止的當下，而墜入了無邊哀悔的獄池，受著無窮無盡的業報，不知何時才是盡頭。

原本是一對恩愛甜蜜的夫妻、一個幸福美滿的家庭，因不知相互體諒、相互溝通、相互信任，而心生無名、猜疑、嫉妒、埋怨，在不知感恩對方的辛勞與彼此的付出，最後導致夫妻反目、婚姻破裂、子女失去應有的母愛，甚至自我戕害身體而命喪黃泉，雖然悔恨交加，但又能奈何，不但於事無補，還要自承罪責，真是得不償失！

神佛指示此女之魂必須承受之業報罪責有七：

一、不孝父母，由於自戕了斷生命，致使父母撫屍痛哭傷心泣絕。

二、自殺之罪，身體髮膚受之父母，理應好好愛惜照顧，怎可因失意不順心就自行了斷，此亦違反大道生息之法則。

三、既然身為母親，就應盡到教育撫養及照顧愛護子女的責任，因自殘讓子女缺乏母愛之照顧而無所依從，失去做母親應有的職責，此乃大罪之責，需受三世之罪罰。

四、自殘行為是子女壞的榜樣，讓子女從此蒙受陰影，生活在遺憾與痛苦之中。

五、誤會夫君變心，猜忌嫉妒致使夫妻反目，堅持離婚造成婚姻破裂，生前不知反省懺悔，雖然死後悔不當初，但是業報之罪卻半點不留情，來世仍要還報。

六、嫁入夫家乃自發誓心，應從夫從家，傳承夫家之祖延姓氏，今提議離婚，不但自毀之前的承諾，也失去了入祖歸宗應有之分從，致使如今入冥後，成為一位孤魂而無所依附。

七、因自毀家庭，造成長子因失去母愛而養成偏差叛逆的個性，以致於因做了壞事而入獄服刑。

女之魂，自殘後承受父母、親人撫屍痛苦哀絕之業報八十一後，才得以返家探望親人，然為時已晚矣！

人若活在仇視嫉妒裡，則無法體諒別人，更無法以清淨的眼光來欣賞周遭之一草一木、一花一果。在她的眼中沒有蔚藍的天空、沒有美麗的彩虹，在她的視野中沒有母子親情的溫馨畫面、沒有家人嬉戲和諧的快樂景象。她不知體諒關懷、她不懂懺悔反省；她只會計較毀謗、她只是一味強求別人。如此日復一日的惡性循環，不但自己痛苦，家人也難過，親戚朋友更是避之唯恐不及。這種生活方式與在地獄受苦受難有何差別呢？

「受人點滴當湧泉以報。」對於別人對我們的好，應該銘記在心，只要一有機會就應回報，如此相互提攜、相互幫助，社會必然會充滿祥和的氣氛。

有一隻螞蟻在河邊喝水，因不小心而跌落河裡，正在載浮載沉，大聲呼喊救命時，路過的鴿子便銜著一根樹枝丟給螞蟻，螞蟻因此逃過一劫。此救命之恩，螞蟻始終牢記在心，並時時想感恩圖報，因此決定將窩築在鴿巢附近。有一天螞蟻發現獵人舉著槍，準備射殺在巢中休息的鴿子，螞蟻見狀不顧自身安危，以飛快的速度爬到獵人的眼睛旁邊，狠狠的咬下去，獵人受此一咬，槍法失準子彈打偏了，鴿子便趁機逃走。

事後鴿子感激的對螞蟻道謝。但螞蟻說：「之前你在河邊救過我，我始終沒有機會報答你，這次我還回報不及萬分之一呢？」又有一次，鴿子不小心誤踩陷阱，正在呼救時被螞蟻聽見，於是螞蟻馬上呼朋引伴全體出動，合力將繩子咬斷，鴿子又逃過一劫，當鴿子再度向螞蟻道謝時，螞蟻說：「您的救命之恩，這輩子我是永遠也報答不完的。」

第六節
吾日三省吾身——反躬省思

韋馱菩薩言：「世上像你這麼精進的人為數眾多，但像你有如此傲慢之心的人卻是……

人生不如意事十之八九，順境時志得意滿，意氣風發不可一世，但當失敗跌跤時，則怨天尤人，牢騷滿腹，何曾靜心思索，今日之果是何時之因？一味的埋怨又有何用呢？所謂檢討過去之不足，才能策勵將來，認清失敗的根源，才有逆轉成就之機。凡事盡人事再聽天命，命之善惡、運之好壞，掌握在自己手中，但問盡力否？得失隨緣吧！「逆境來時順境因，人情疏處道情親；夢中何必爭人我，放下身心見乾坤。」

有因必有果，既然在累世中因一時的無知愚昧迷糊而造下了惡業，就應竭盡心力去尋求化解之良方，千萬不要如縮頭烏龜或把頭藏於沙中之鴕鳥，以為自己不看事情就不會發生，須知因業果受是自然之法則，任誰也無法改變的，有云：「罪業本空由心造，心若滅時罪亦亡，心亡罪滅兩俱空，是則名為真懺悔。」因此，唯有真心懺省自己種種之不是，下定決心去彌足改平，才能化去過往之業欠。

有一則故事：從前有位妙高禪師，修行非常精進，唯一的缺點便是每當他坐上蒲團參禪打坐時，就會忍不住的打起瞌睡來，為克服這不良之習性，他就想了一個妙法，亦即在懸崖上參禪打坐，心想，如此應該不會再打瞌睡了吧！因為只要一打瞌睡，便會摔得粉身碎骨、遍體鱗傷，於是當高台做好後，禪師便坐在高台上之蒲團打坐，但很不幸的，當禪師一坐上蒲團，竟又打起瞌睡了，於是便摔落懸崖，當摔至半空中時，突然有位菩薩拖住他的身體，禪師問：「何人救我？」「我乃韋馱菩薩，因看你如此精進佛法，故特來護你的法。」禪師聞言，充滿得意的說：「世上像我這樣精進的人，還有多少？」韋馱菩薩言：「世上像你這麼精進的人為數眾多，但像你有如此傲慢之心的人卻是很少，從此我將二十世不再護你的法。」禪師聽後，當場禮拜懺悔，且一如往常再坐回原處參禪打坐，未料老毛病又犯，二次摔落懸崖，自忖此次必死無疑，沒想到快摔至地面時，又被韋馱菩薩救起，禪師驚訝的說：「菩薩不是說過，二十世不再護我的法，何以再救我呢？」韋馱菩薩言：「因你一念懺悔心起，已超過二十世我慢之罪，所以我再度來護你的法。」可見懺悔的力量是多麼的大啊！想要改變自己不幸的命運遭遇、化解累世無名種下的業因嗎？真心懺悔不啻是一帖良藥。

有道是：「當下改進是上乘；當下知錯，下回改進則中乘；會後檢討再論，則此已是下乘。」一事、一言、一行皆是修行，不容忽視。

進榮出生於商人世家，家中以買賣布匹為生，父親以誠待人，生意買賣童叟無欺，商譽甚獲鄰里讚許。而進榮從小跟隨父親學做生意，因此年少時便能接手父親經營的布匹生意，雖然一本父親童叟無欺的精神，從無減少尺寸的投機行為，但卻常憑藉父親的信譽，對待客人態度不佳，凡事不知隨順因緣，看見客人上門時，全憑其喜好心情做生意，看順眼的客人就賣，如果客人讓其不順眼，不但不賣還將人趕出門外。一直以來，總認為要買就買，不買拉倒，何必囉哩囉嗦，自己不偷減尺寸，何錯之有。因此，就在接手父親的布匹生意十五年後，由於生意不佳，客人又不願上門看其臉色的情況下，黯然地將生意結束，毀了父親一生的心血和信譽，更斷了世代傳家賴以維生的事業。

生意結束後，只好去拜師學藝，跟隨一位老醫師學習中醫，學成出師後，開始從事行醫救人的工作。但常自誇其醫術是如何高明，甚至勝過教導他的老師，凡事唯我獨尊，醫救他人時，雖然醫藥費不強索都由患者自給，也因此之故經常對求救者愛理不理，常言，我又不賺你們的錢，憑什麼要我醫救，我就非醫治不可，完全忘卻了當年師父行醫救人的教誨，也將醫者父母心的誓言拋諸腦後。三年的行醫工作，也的確救過不少人，所以，常向家人朋友鄰里等自誇，做了多少善事功德，將來必能上天堂。誰知，天有不測風雲，有一天外出看診時，卻被迎奔而來的馬撞上，一聲哀痛，卻已入了枉死之城。

人之執偏會讓人自以為是，人之嫉恨會令人失去理智，人之猜疑會使人生活在不安驚恐中。當自以為是時則聽不進他人善意之言；當失去理智時就無法靜心反思己過；當生活不安時就會疑神疑鬼，終日精神恍惚。因之，意氣之爭只會讓事情愈演愈烈、傷痕愈來愈大，最後反目成仇、兩敗俱傷。而無法將別人所說的話做一省思，往往會讓自己陷入自以為是的思考模式，讓自己沉迷於唯我獨尊境地，在自我感覺良好的情況下導致滿盤皆輸，屆時即使哀嘆再三、悔恨自己之無知，又有何用？又能奈何？

第七節
無怨無悔 積極面對

中國人對於「生」是喜賀慶祝，大肆宴客……
對於「死」則絕口不提，甚或視為洪水猛獸般的遠離……

南北朝時代，生於安息國的安世高法師，雖身為太子，但仍出家修行，後因精進無比，修得宿命通，因而知道前世之債主生於中國，為了了卻前世之命債，因而乘船至東土來。有一天當他行走至洛陽的一處荒郊外，遇見了一位身配鋼刀的年輕人，年輕人一見法師不發一言的將法師殺死。再度投胎在祖國的安世高，由於累世的福報，仍貴為太子。及至長大，安世高又發心出家且仍證得宿命通，他知道此世之業債仍在洛陽，於是又隻身來到中國。當他來至中土時，便首先到殺害他性命的人家借宿。晚上，安世高問主人說：「你認識我嗎？」主人答：「不認識。」安世高又言：「我就是某年某月某日被你殺死的出家人。」主人聞言，大驚失色，心想：「此事只有我知道，何以此位出家師父竟知之甚詳，莫非是來索債的。」一想至此，主人便拔腿往外衝。此時，安世高見狀，連忙拉著主人說：「你不用害怕，我不是來報仇的。」並把過去世詳細的向主人說明，且向主人說：「我明天仍要再還一次累世之命債，請你明天替將誤殺我的人向官府說明，請其不要怪罪那個人。」第兩天，安世高與主人在街上走著，當與一位挑著一擔柴的柴夫相遇時，柴夫擔柴的繩索突然斷裂，剛好打中走在前方的法師，法師立即斃命。路人見狀就將柴夫扭送法辦，由於主人親眼目睹整個過程，且與法師昨晚所交代的事完全吻合，於是便向官府提出說明，並將法師之遺言交官府，官府查對後，也確信因果之理，於是便赦免了柴夫的誤殺之罪。由於安世高法師已還清累世之業債，於是當他再度轉世為人且出家修行渡眾時，便深得眾人虔誠之敬仰，渡眾無數。

聖者言：「生死河邊箇破舟，七穿八落半浮沉；娑婆葉海風波惡，苦勸諸君努力修。」人生在世，猶如航行一艘破船於生死之業海中，若不能及時醒悟，了卻累世之業因，何能無債一身輕呢？又何能從茫茫之業海中找到真正的歸岸呢？因之，既知累世所造之業因是非還清不可，那還有什麼可猶豫的呢？慈悲行、歡喜受吧！

凡人皆貪生懼死、迷樂怕苦，如能對生死大事有所認識、瞭解，對性命大事有所體證，則便能以坦然開闊的心胸去靜思自己應何去何從？對死也才不會忌諱避談。中國人對於「生」是喜賀慶祝，大肆宴客，以歡迎新生命的到來，尤以老來得子更是珍愛有加，視如心肝寶貝般的疼惜。而對於「死」則絕口不提，甚或視為洪水猛獸般的遠離，避之唯恐不及的心態令人啼笑皆非，甚至到了無所適從的地步。需知不談死，死就遠離我們嗎？不勇於面對死亡的必然到來，死亡就會轉彎而走嗎？與其有鴕鳥藏頭的逃避心理，何不下工夫去研究死生大事呢？何不放寬胸懷去體認「凡生必有死，凡死必有生」的真實意涵呢？

禪宗有個公案即說明人對「生之喜」與「死之懼」的執偏。從前有位有錢的員外，在其生日的壽宴上，請來一位禪師以增光彩。筵席上員外請求禪師寫句祝福道賀的話，以便懸掛於廳中做為子孫遵行的家訓。禪師接下筆寫上「父死，子死，孫死。」六個大字。員外一看面露不悅之色對禪師言：「我是請禪師寫句祝福勉勵的話，禪師寫這六個字豈不是在詛咒我嗎？」禪師微笑和氣的解說：「這六個字孕含很深的意涵，怎會是詛咒你呢？試想，父死後再死兒子，兒子死後再死孫子，這是多麼自然而令人欣喜的事啊！若倒過來，孫子死了，兒子再死，最後才員外你，那是何等令人傷痛的事啊！況且白髮人送黑髮人，是多麼讓人心酸與無奈啊！」

死有輕於鴻毛，有重於泰山。要如何抉擇端看自己對死生真正意涵的瞭解認知有多少，對生命意義和生命本質的體認又是什麼而定，有人願流芳萬世而不惜犧牲生命，但有人卻因貪生怕死而遺臭萬年。自古以來此兩種選擇都不斷交替輪流於人世間，而每個人都有可能因時、因地、因人、因事、因物、因當時心境……等等諸多因素，而做不同之選擇，而此種種不同之選擇，雖可能決定於一念之間，然而影響此一念的重要因素，乃在於此人平日所遵行的信念及人生價值是什麼而定。

春秋時期，群雄並起戰事紛亂，生靈塗炭、民不聊生，當時有位林姓將軍任職於司監太爵，平日為人高傲自大，不輕易接受他人之建議。有一次當敵軍壓境時，自知無法抵抗，於是日夜難安但又不知如何是好？應何去何從呢？是走為上策、還是誓死抵抗為佳呢？因平日的自大不聽人言，導致不敢與人商量此事，深怕他人見笑，所以整天坐困城池，日夜難安而無法下定決心。

有一天，他的妻子看他終日惶惶不安，茶不思飯不想，便對他說：「看夫君幾日來寢食難安，為妻想將自己的看法提供給夫君參考，請夫君能三思而後行。

一、夫君受國家栽培，理應誓死報效國家，如今敵軍來襲危在旦夕，而夫君卻坐立難安，若是夫君想到的只是自身的安危，則對國家不忠；若想到的是百姓的安危，則是不智之舉，應能立下決心。

二、夫君日夜來回走動且不時望向城外的遠方，想的是什麼呢？自己清楚明白嗎？

若只想自己應如何逃走，則也許今天逃出去了，倖免於難，然而此罪業之報受來世還是必須承受的。

三、群雄紛起，戰亂不斷，夫君領受國家的栽培恩惠，若不能為國家效忠，誓死保衛家園、保護人民之安危，時時以國家蒼生為念，則將來之罪罰如何承受得了呢？」

此城不出十日被攻而破所有司職人員等都被殲沒。

如果我們是那位守城的將軍，我們會怎麼做呢？如果我們是那位將軍夫人，我們又會說出什麼話呢？生死關頭最能看出一個人的心性，也最能考驗出一個人平日所奉行的信條、做人的原則及生命的價值觀，是堅定不移、無怨無悔、積極的面對；還是游移不定、變來變去、畏畏縮縮的逃避呢？

第八節

破釜沉舟——決心堅定

因為漫不經心，所以就無法相應於當下，因為敷衍就容易在表相上打轉……

從前有三隻青蛙同時掉到奶油桶中。第一隻青蛙，在奶油桶裡游了一圈，發現四周都是封閉的，根本不可能游出去，於是牠就無奈的等待死亡的來臨。第二隻青蛙，在奶油桶裡游了三圈，發現找不到出路，於是牠便大聲喊叫：救命啊！誰來救救我啊！但聲嘶力竭後，仍得不到救援，於是牠便放棄了自己。第三隻青蛙，在油桶裡游了五圈，一樣找不到出路，於是牠就靜下心來，冷靜思考是否有其他法子可離開。後來牠就潛入桶底，但仍發現桶底也是沒有出路，可是桶子是傾斜的，於是牠就在傾斜的桶中拼命的跳躍著，最後竟被牠踩到一塊凝結的奶油，於是第三隻青蛙便順利的離開了奶油桶。而前面兩隻青蛙至死仍想不出第三隻青蛙是怎麼離開的！

「學如逆水行舟，不進則退。」求學如此、做事如此、追求生命真意、終結輪迴的噩夢也是如此。若無法持之以恆，堅持到底，則終是功虧一簣，甚是可惜！所謂「行百里半九十。」愈至最後，愈要咬緊牙關，愈是艱難則愈要有「置之死地而後生」之決心。因黎明來臨之前一定是一片黑暗，愈是苦痛難捱則離成功就愈近。有道是：「天下無難事，只怕有心人。」只要有心就能步步踏實，只要有毅力則不易退轉，只要不怕考驗磨練則不會輕言放棄，只要有耐力則必能跑至終點、到達成功的彼岸。相反的，若凡事馬虎應付，則猶如參加進香團之香客，走馬看花，心不在焉，人雖至但心卻未帶去，如此則花再多的時間亦是枉然，跑再多的宮廟也無濟於事。因為漫不經心，所以就無法相應於當下，因為敷衍就容易在表相上打轉。長此以往若繼續下去，則終其一生亦只是在迷惘無知中虛度，對事業的成就、對人際關係的擴展、對家庭氣氛的營造、對待人處世的態度等等一切，其助益實在是有限的，對生死之人生大事，能領悟與體證的更是微乎其微了。

從前有位身材瘦小的人，立下大志要蓋一間大房子，由於缺乏一根大木頭以做為房屋之中樑，此人於是下定決心親自完成，於是帶著一支小斧頭獨自上山砍伐去了！此人在山中尋尋覓覓，終於找到一棵巨大之樹。此人拿出小斧頭開始他的砍樹工作，但因斧頭小而大樹堅硬，沒砍幾下，斧頭便鈍了。於是他只好帶著斧頭下山找鐵匠磨利，鐵匠鋪的人知道此人要砍樹蓋大房子，不但沒有鼓勵他，反而冷嘲熱諷的說：「樹這麼高大，你的斧頭這麼小，即使你砍到老也無法蓋好房子！」眾人你一句我一語，都對此人不抱絲毫希望。此瘦小之人並不因眾人之嘲笑而懷憂喪志或是失望放棄。反而更加堅定信念，化嘲笑為力量，心想：「雖然我的速度緩慢，但被砍掉的部分不斷的增加，而剩下的部分一定相對的減少，只要我不停歇，最後一定可以將樹砍倒。」瘦小之人一次一次的往返於山上與鐵匠家。鐵匠鋪之人看見此人信心堅定、努力不懈，也就不再嘲笑他了。皇天不負苦心人，在此人一斧一斧的砍伐下，大樹終於被砍倒了。村莊裡的人，聽到這個消息，不管當初是否嘲笑過他的，皆自願上山幫其將大樹運下來，而此人也在大家的祝福與鼓勵下，完成畢生之大志。

由此而知，不怕起步晚，不畏路途艱，只要有心，只要有願，只要信心堅定，天下沒有完成不了的事。

修行好、修行妙、人人皆曰修行樂。世人大都能認同修行參禪的好處與樂趣，也知道修行能帶給人安定與心靈的淨化。但言之者眾，踏實不退志的人卻少之又少，甚或認為堅持到底的人頭殼壞去。只言：「先顧肚子再顧佛祖。」凡事皆以自己之利害得失為優先考量。只要表面上不利於己的或不能如自己所願的，就埋怨悔恨，甚至放棄成就自己幫助別人的初衷。如果做人處事、一切言行舉止也是如此這般，只要稍有困難則躊躇不前、抱怨連連或輕言放棄，那人生何有出人頭地的機會呢？

所謂「天公疼憨人。」默默付出，踏實而行，一步一腳印，堅持到最後終必能有所成就。「有志者事竟成」、「上天只怕有心人」還猶豫什麼呢？邁開腳步、挺起胸膛、勇往直前，為自己為家人、為有情有緣的大眾堅持而行吧！

第九節

逍遙自在丸清淨圓融丹——化解方法

世人行善皆因求功，其善雖行，但德之功分卻少！何以如此呢？

三世因果的查辦，就如同醫生的診斷，診斷完了當然會有各種醫治的方式，然而病人當然也要願意配合醫生所建議的醫治方式及治療過程，否則病如何能痊癒呢？相同的道理，在神佛的查辦後，我們也應遵從神佛所提的化解方法與方式，真心誠意且踏實的去做調整與改善，並能竭盡全力積極正向的去面對，否則得知了三世因果，瞭解了冤結糾纏又有何用？又有什麼幫助呢？

佛陀時期，有一乞丐，將當日乞討所得之財物，全數供佛點燈，錢財雖非常之微薄，但其所點之燈卻歷久不滅。而同期富豪之人所點之燈皆已熄滅，門人納悶異常，請示世尊，是何原由？乞丐供佛之數如此之少，而富豪捐輸之財物何其多，怎麼富豪所點之燈會熄滅而乞丐之燈卻亮而不滅呢？世尊言：「供佛之功，不在財之多寡，貴在當下之真心。乞丐財雖少，但其佈施供佛時卻是無慾無求，發自虔誠之心，故其功德無量無邊。而富豪捐輸雖多，但其心卻是有計量的。因此功分之註卻也是有限的！」由此得知，凡事貴在當下之真心，計量比評其功分自是有限！

因業果報，絲毫不爽，亦無人能逃；所謂：「善惡到頭終有報，不是不報，時候未到！」為免業報來臨時，悔恨不已！平時即須修善己心，行功佈德。然而在佈施過程中，切不可有選擇性，當下真心而行，至於功之多少、德之有無，就交給上天去註評吧！但世人行善皆因求功，其善雖行，但德之功分卻少！何以如此呢？行善貴在初發心，重在當下之真心。若出自至誠、真心，則佈施之財物雖不起眼，但功分之註評卻大如天。

南北朝時代的梁武帝，有一次請教國師誌公和尚：「我前世究竟是做了什麼功德，今生才能成為國王呢？」誌公和尚說：「國王前世是一位樵夫，有一天上山砍柴時，看見一座殘破不堪的佛像，受到風吹雨淋日曬，無人重新粉飾雕塑，當下將自己頭戴之斗笠脫下遮蓋佛身，佛見之，甚為讚嘆！貧苦佈施實是難得，當在來世得大福報。」梁武帝聽後心想：「只佈施這麼一點點就有這麼大的福報，那我現在貴為一國之君，要得更多的福報有何困難呢？」主意已定，於是下令全國大造寺廟並供養三寶。但經一段時日後，梁武帝發覺身體日亦衰老，且全身皆病痛，於是他再度請教誌公和尚說：「我如此發心建造寺廟並供養三寶無數，何以未得福報反惹得一身是病呢？」誌公和尚說：「我王雖發心建造寺廟並供養三寶，但自己不僅沒有出錢，反要求百姓捐輸，造成全國百姓怨聲載道，因此，不但無福報可言，反造下很大的業因。」梁武帝聞言慚愧不已並且立即下令，償還積欠百姓因捐輸建造寺廟或供養三寶之錢糧。

又有一故事：從前有一位信徒，捐了五十兩的黃金給寺廟，在當時五十兩的黃金可不是一筆小數目。當他把黃金全數交給寺廟之禪師時，禪師一收下便又另外去忙別的事了，信徒對此禪師之態度極為不滿，心想：五十兩黃金可不少啊！怎麼禪師連個謝字都沒有。於是就緊跟禪師之後提醒說：「禪師！那袋子可是裝了五十兩黃金！」禪師連頭也沒回，自顧向前走去，於是這位信徒更加生氣並且提高音量說：「師父啊！我今天捐了這麼多的黃金，難道你連一個謝字都不願說嗎？」禪師停下腳步對此信徒言：「你佈施是在為你自己做功德，為何要我跟你道謝呢？如果你將功德當成是一種買賣，那我只好代替佛菩薩向你說聲『謝謝』，請你把『謝謝』帶回去，從此你與佛菩薩『銀貨兩訖』吧！」

由上述小故事可知，佈施、行建功德以及化解三世的因果業報，貴在發心，若真心，即使是微不足道的財物，上天之公評定是分毫不差，但若心存目的，則即使捐輸再多之錢財，其功德、其福報、其化解也是非常有限的。凡事貴在初發之心、貴在真誠之心、貴在虔敬之心，只要有心最後一定能改變命運。

第七章

善惡到頭終有報

（三世因果對我們有何影響）

某公務員，服務於政府機關的地政單位，擔任地政勘測的職務，家境小康，日常生活之一切堪稱富足，育有二男一女，也都受過完整之教育學程。

有一次服務單位派他與同事一起出差，從事地政測量的工作，但因收受其中一方地主的賄賂，因此測量時故意將測尺往外延伸一尺之多，以圖利行賄的地主，讓行賄地主多得一些原本不屬於自己的土地，雖然另一方之地主當場表達不滿與抗議，但因其勢單力薄，講話毫無份量可言，因此測量人員一來已經收了賄賂，二來看此地主好欺負，於是就以執行公務為理由強壓地主接受，否則將其以妨礙公務之罪移送法辦，地主迫於無奈，只好忍氣吞聲默默接受，不敢再多言語。

如此不法之行，此測量員竟達十數次之多，古有名言：「善惡到頭終有報，不是不報，時候未到。」天理昭彰報應不爽，夜路走多總會遇見鬼，就在一次與四位同事出差執行地政勘測任務時，發生了車禍，此測量員當場命喪黃泉。

此人原本陽壽八十又二，但因行事昧著良心，欺壓善良之人，收受不義之財，因此天理難容，就在五十二歲時因共業之報就命喪黃泉，成為枉死城中的一條罪魂。俗話說：「各人造業各人擔。」此人之魂已在枉死城中，受業罪報應達七十六年之久，何時能脫離痛苦之深淵，何時能終止枉死城中之罪罰，茫茫然而無所知，真是遙遙無期呀！再者，由於此人家中藉收賄所得之財富，常稱霸於鄉里，令鄉親有苦難言，敢怒而不敢言，然而此危害鄉里之罪罰，更是加諸在此魂身上，也因此之報應，更令其難有跳脫獄池苦痛的時緣。

「欲知前世因，今生受者是；欲知來世果，今生做者是。」一人之一生受累世因業、祖源，再加此生所作所為的影響，呈現出來的業果報受則不盡相同。「因」既已種下，無法挽回，那我們就消極的過此一生或終日怨天尤人嗎？我想那並非根本之道。「因」既已種下，那我們就應以積極的態度去面對，並尋求化解之良方。「因」猶如種子，要使其順利發芽、茁壯、開花、結果，長得好，長得順利，唯有增加善業或減少惡業之形成。因為增加善業就猶如灌溉、施肥、除草等細心的照顧，讓種子在用心的呵護下，自然的成長外，更能長得比其他果樹還好，結的果實更多。而惡業之減少就如同將不良的環境做改變，使阻礙種子生長的不良因素得以消除。若能如此，則善果必能結成，惡果之影響也必能降為最低。

果農之栽種果樹，由苗木之培植一直到果實成熟之收成，期間要經過種苗育栽、移植、施肥、除草、噴藥、剪枝、包裹、篩選等等繁雜的程序，才能形成甜美的果實，而其間所付出的時間、精神、金錢、勞力、勞心，真是難以計數，因此，果實之成熟是一件不容易的事。而業果所造成的影響，當然也是相同的道理，既然是日積月累所造成的，要解決改正當然也不是一件容易的事，更非一蹴可成，就如同喝酒抽菸等生活習慣，若由習性而成慣性，那麼要改掉此習慣也非一朝一夕就能成功，它需要決心、耐心、毅力時間等等的配合，才有徹底根除的機會。

本章所探討的「三世因果」對我們所造成的影響事例，將分九個面向提出說明，這些事例相信是你我所熟悉的，它可能發生在你我身上，也可能出現於周遭的親朋好友，在此只將部分常見的問題事例整理後提供大家參考。這些實際案例經由中華玉線玄門真宗教脈的法事化解處理後，情況都已有明顯的改善。而各節所列的案例只簡單提出改善解決的方法名稱，至於化解改善的詳細處理方式，日後會有專書介紹，而改善後的狀況限於篇幅就不再贅述。有關祖源所造成的影響，其解決的方式與實際案例的說明，請參閱「宇河文化出版有限公司」所出版的《慎終追遠 源源流長——如何正確安奉敬拜『公媽』》一書。

第一節

藥不離手又奈何——對身體健康的影響

秦武王在耳朵的前面長了一顆瘤，覺得非常痛苦，於是便派人把扁鵲傳來，扁鵲晉見武王後，便詳細的為武王把脈並審視了臉上的那顆瘤，然後對武王說：「陛下臉上的這顆瘤，雖然長的位置有點棘手，但憑我的醫術應該沒有什麼問題，明天我就帶手術刀來為陛下摘除。」扁鵲離開以後，大臣們便七嘴八舌的議論著，有的說：「陛下的瘤長在臉上，扁鵲要用刀割除，莫非他有不良企圖，想危害陛下。」有的說：「是呀！這顆瘤長在眼睛的下方，萬一不小心刺傷陛下的眼睛，那該如何是好？」有的說：「扁鵲是否有不良意圖，目前雖然不得而知，但萬一傷及陛下的眼睛或耳朵，到時候眼睛瞎了或是耳朵聾了，那將如何治理國事呢？」也有大臣說：「陛下的龍體是何等的尊貴，陛下的威望亦是無人可及，因此這顆瘤說不定經過幾天後便消失了。」於是在大臣們你一言我一語的討論下，武王內心有點害怕不安，便暗自決定不讓扁鵲動手術摘除臉上的瘤了。第兩天一早，扁鵲帶著手術刀進宮，準備為武王割除腫瘤，但武王對扁鵲說：「你不用幫我割除這顆瘤。」扁鵲很是納悶問武王說：「陛下的瘤已經不小了，再拖下去恐怕會有危險，而且也會更加疼痛，為什麼不立即治療呢？」武王就把昨天大臣們討論告訴扁鵲，並且說：「我想大臣們說的話也有道理，萬一為了一顆瘤而讓眼睛瞎了或是耳朵聾了，那豈不是得不償失嗎？」扁鵲聽後甚是生氣與無奈，對陛下說：「陛下寧可去相信一群外行人的胡說八道，卻不肯相信學有專精的內行人所建議的方式，萬一危害生命，誰要負責呢？」說罷便轉頭離去。不久之後，武王的腫瘤發作，不但耳朵聾了，眼睛瞎了，連性命也失去了。

身體是一切的根本，財富再多、官位再高，若無身體則一切都成空；頭腦再好、臉蛋再美，若無健康的身體又有何用呢？然而人生有許多的無奈與些許的遺憾，有人一生健壯如牛毫無病痛，但有人卻是受盡病痛的折磨，一生吃藥像吃飯，不但是照三餐甚至還外加點心宵夜，病痛始終無法離身，更有些人一出生便帶疾而來，不是身體有缺陷就是器官不健全。同樣投胎為人，同樣是人生父母養，怎麼會有如此大的差異呢？又怎麼會有如此不一樣的遭遇呢？是上天有些偏頗有失公正？還是因人而異各有其不同的因素所造成的呢？實在是值得我們省思與探討的人生課題，因此要如何讓人生永遠都是彩色的，要如何遠離病痛，不受病魔的折磨，要如何能將之前的不足一一彌足，又有什麼方法可以改善並加以化解，使往後的日子能減輕或遠離病痛，甚至來生能有健康的身體、美麗的人生，真的應好好三思。以下有幾則事例，提供給大家參考。

微笑小天使

之前，在我常去運動的國小，有時會遇到一位媽媽帶著兒子去運動。兒子大約七歲，正是頑皮的年紀。看他玩得這麼快樂、笑得這麼開心，連我都感染那愉悅的心情，想跟著一起跑跑跳跳。不過，那位媽媽可不輕鬆。不僅隨時要擔心兒子跌倒，有時兒子還會尿褲子。她可得辛苦地收拾善後呢？

因為，她兒子是個腦性麻痺患者，伴隨輕度智障。所以，不僅動作協調性較差，生活自理能力也不佳。（註：並非所有腦性麻痺患者都是智障，他們其實和平常人一樣；甚至，有些智商還很高。）

每次遇到他們，我總會用一個大大的微笑，熱情的和他們打招呼。希望藉此來表達最大的善意，與真誠的問候。

有一天，她兒子看到我「笑得這麼燦爛。」便很高興抱住我，並露出潔白的牙齒，給我一個更大的笑容。我知道，他已感受到我的善意。所以，摸著他的頭說：「你好乖。」不過，她的母親似乎被這突如其來的舉止嚇了一跳，頻頻向我點頭致歉，並告誡兒子：「不可以隨便抱阿姨喔！阿姨會嚇到。」我回答：「沒關係。我也常和我的小孩抱抱啊！」緊接著，用比他兒子更大的笑容回應他們。

從此之後，我們變熟了，也開始聊天。

這才知道：原來他兒子是先天性的「腦麻兒。」

當別人在慶祝新生兒誕生時，這位母親卻天天以淚洗面，全家也籠罩在愁雲慘霧之中。

她不斷自問：「為什麼兒子會這樣？是懷孕期間吃了什麼不該吃的嗎？或是動到胎氣？以後要如何撫養這個小孩？當小孩長大之後，要如何面對別人的眼光？又要如何在這個社會生存？」

太多的問號都沒有答案，再多的淚水也改變不了事實。後來，她兒子又被診斷出輕度智障，幾乎讓這位母親崩潰。

「不過，或許是置之死地而後生吧！自此以後，我反倒能平心靜氣的面對。」她說。

我們經常聊著她一路走來的辛酸，也聊著她經歷這些痛苦之後的成長。訴說這些過程，她數度哽咽，我也跟著紅了眼眶；聽到溫馨、好玩的片段，我們也莞爾一笑。

後來，那位媽媽告訴我要讓兒子去外地唸「啟智學校。」以後大概沒有機會碰面。臨別前，我們互道珍重。

附註：問題改善或解決的法事名稱——祖牌重整。

正義使者

阿順從小就有正義感，他總喜歡學卡通的台詞：「我是正義的使者，我的責任是保護人民的安全，你們這些壞人，還不乖乖束手就擒，放下武器投降？」

長大後，阿順當了警察。對於這樣的結果，大家並不意外，聽說他這警察做的挺賣力，抓犯人的時候，總是衝第一。

「呵！阿順果然是正義使者的化身。」大家很為他高興！

好幾年沒有阿順的消息，都快要忘記這號人物，直到阿順上了社會新聞的版面。

根據新聞報導：「阿順為了抓毒販，不幸被槍擊中身體，送到醫院時早已昏迷。醫生說阿順雖然沒有生命危險，卻已造成永久性傷害。即使痊癒，下半身也無法動彈，將來必須坐輪椅。」新聞版面的一角是：同事讚美阿順出勤總是跑在最前面；同時也刊載長官的不捨；市長的探視……。

只是再多的讚美、不捨、探視、慰問、花圈、卡片，都改變不了阿順變成殘障的事實。

阿順無法再當正義的使者了？

我們很為阿順難過，心想！當阿順醒來，知道自己將終生與輪椅為伍，無法再抓壞人，保護好人的時候，他會如何痛苦、激動？阿順是否能夠面對這殘忍的打擊？

幾天後，新聞再次出現阿順的報導。原來，阿順醒過來了，復元情形不錯，也能說話。

當記者問阿順：「未來必須坐輪椅，無法再抓壞人的時候，心裡會不會很難過？」

想不到，阿順竟然回答：「我可以轉調內勤，做行政工作，照樣可以打擊犯罪，保護好人啊！」

聽到阿順的回答，我們終於放下心中的石頭，當然也很為他驕傲。

「呵！真是好樣的。等阿順出院，他仍然可以和從前一樣，成為正義使者的化身。」

附註：問題改善或解決的法事名稱——禮斗

健康不由人？

福伯因為經常口腔潰瘍，所以到醫院檢查。想不到，檢查結果出來，竟已是口腔癌第二期。其實，福伯會得口腔癌，並不令人感到意外。因為，他吃檳榔已吃了二、三十年。可是，福伯自己並不這麼想。

他忿恨不平的咆哮著：「為什麼我會得口腔癌？某甲不也吃了幾十年的檳榔，可是他卻沒事。某乙不但吃檳榔、還抽菸，身體卻壯的像頭牛。我是喜歡吃檳榔，可是平常也沒病沒痛，甚至連感冒都沒有。」

只是，無論福伯如何不滿，如何難以接受，還是改變不了罹癌的事實。

在我們身邊不乏像福伯的例子。有人抽菸多年，罹患肺癌；也有人酗酒，罹患肝癌。

但是，也有一些人，就如福伯的抱怨，平時菸酒不拒，也不重視健康，卻活得好好的。當然，這只是少數。

而大多數的人，則介於兩者之間。既非特別重視養身，也不會糟蹋自己的身體，只是平平淡淡的過日子。那麼，在這些人當中，同樣地，有的人就是健健康康，有的則身患絕症或疾病纏身。

為什麼？一樣是人卻有這麼多的差異？是命運嗎？還是自作自受？或者，要歸因於遺傳、環境……。

或許，其中原因複雜，並非三言兩語說的清；有些變數，也是我們無法控制。但至少我們可以做到：「為了自己的健康，為了家人的幸福，不要抽菸、酗酒、吃檳榔。」

畢竟，照顧好自己的身體，是我們每一個人的責任。

附註：問題改善或解決的法事名稱——啟設天台，祈求上蒼庇佑。

受困的心靈——精神分裂症

那年，搬來一戶新鄰居。鄰居有個女兒叫阿芳。認識阿芳的時候，她才國中二年級，是個功課很好、很文靜的女孩。不過，阿芳的朋友不多，能聊天的對象更少。所以，即使當時我才國小四年級，她也不「計較」我年紀小，不懂事，而把我當作好朋友。我們很有話聊，相處愉快，加上阿芳的父母也很喜歡我到她家玩，總是準備一堆零食請我吃，因此那陣子我常去她家。有一天，阿芳問我：「你知道哪裡有賣農藥嗎？」我回答：「知道！我同學家就是開農藥店的！」阿芳要我幫她買一瓶農藥。

我回答：「你家又不種田，買農藥做什麼？」阿芳說：「我家當然種田，是你不知道。」雖然，當時的交談內容大都已經忘記。但我卻還記得，對話的主要內容就是：阿芳一直拜託我幫她買農藥，而我則繞著她家沒種田的話題抬槓。

回家前，遇到芳媽，我順口問：「你們家真的有種田嗎？阿芳說有，而且希望我幫她買農藥。你們家真有田啊……」話還沒說完，芳媽就臉色大變，不僅告訴我：他們家不種田，而且要我絕對不可以幫阿芳買農藥。

沒幾天，阿芳被救護車載走了，聽說她企圖自殺，還好被家人即時阻止。此後，阿芳進出醫院多次。狀況好的時候也會和我聊天。她告訴我，自己患有精神分裂症，時而妄想，時而覺得有人要害她。更可怕的是，有個聲音叫她去自殺……。阿芳說自己活得很痛苦，不如死掉算了。聽著阿芳的訴說，我不知如何回答，只能默不作聲，帶著沉重的心情回家。

後來，阿芳被送到療養院，幾年後，他們搬家了。自此，不再有阿芳的消息。長大後，才知道何謂「精神分裂症。」只是對於這樣的症狀，身為她的朋友，可以為她做些什麼呢？多年來，我不斷自問？

附註：問題改善或解決的法事名稱——個人陽渡

常在新聞報導中看到：有人因為躁鬱症發作，刷卡刷了好幾百萬，也有人因發病而砍傷人。這些社會事件並不陌生，也經常被大家當作「八卦」閒談。可是，躁鬱症對患者及家屬來說，絕不如「純聊天」般輕鬆，而是充滿痛苦、折磨。不僅患者飽受摧殘，家屬也同樣難過。

阿德被送到醫院時已奄奄一息，因為他企圖開瓦斯自殺。好在家人及時發現，送醫治療，挽回一命。只是，當阿德醒過來後，卻很生氣，並且激動地叫嚷著：「為什麼不讓我死？為什麼要救我？」為免發生危險，醫護人員只好將他的雙手、雙腳綁起來，固定在床沿。阿德父母在一旁老淚縱橫，但他們知道這樣做是在保護阿德，所以只能默默看著這一切。

其實，阿德這一年來，情緒起伏很大。有時候不吃飯、不說話，甚至連房門都不出。當時，他媽媽以為阿德是因為失業，所以心情不好。因此沒太留意，她想著：「只要阿德找到工作就好了。」

雖然，阿德沒有找到工作，但心情逐漸變好。阿德媽媽回憶著：「阿德開始告訴我們他的計畫，我是聽不懂啦！只知道他要做生意，賺大錢。」接著，阿德開始進行他的賺大錢計畫，常常一出去就是好幾天，連晚上都沒有回家睡覺。阿德媽媽不知道他在忙些什麼？好不容易等阿德回家想問個清楚，就被阿德大罵。阿德媽媽自此不再過問。

就這樣，阿德有時好幾天不出門、不說話、不理會家人；有時又慷慨激昂地陳述自己的理想，或者一出門就好幾天。面對阿德這些怪異的改變，阿德父母搞不清楚是怎麼回事？直到，阿德突然自殺……

後來，阿德的情緒漸漸穩定，較能回答醫生的問題。經診斷，阿德患了躁鬱症……阿德父母聽不大懂什麼是躁鬱症，只知道這是一種「情緒上的感冒。」以後都要吃藥，也要多運動。同時，要避免刺激、避免太大的壓力……。

憂鬱症、躁鬱症、焦慮症等心理症狀，已被列為21世紀最普遍的現代文明病之一。發病原因至今尚沒有定論，只知道可能和遺傳、內分泌、環境、壓力等有關。而相關的治療方法及效果，則因人而異。只是，無論這些病症產生的原因如何？治療效果如何？積極面對這些心理症狀，卻是刻不容緩的事，也需要大家一同關心！

附註：問題改善或解決的法事名稱——設案解冤釋結

第二節

我比別人卡認真為什麼比別人卡歹命——對事業的影響

孔子帶著一群學生周遊列國，有一天經過楚國時，因時值盛夏，天氣非常炎熱，於是便在一片樹林底下休息乘涼。正在休息的當下，看見不遠處站著一位老人，老人手拿著一支頂端塗有樹脂的竹竿，靜靜的站在樹下，只見一舉起竹竿的當下，蟬便被捉住了，如此動作幾個來回，就捉住幾隻蟬，從未失手過，其捉蟬的功夫好像是從地上撿起蟬一樣的輕鬆容易。孔子被老人的抓蟬技術嚇得目瞪口呆，心想此位老者的捉蟬技術已經達到出神入化爐火純青的境界，真是令人讚嘆。因此孔子忍不住的問老人說：「老人家如此高超的捉蟬技術，不知道有什麼秘訣或是特殊的方法？」老人說：「高超技術稱不上，但其祕訣就是要勤於練習捉蟬的方法。蟬是很敏銳的昆蟲，稍有風吹草動便立即展翅飛走，因此一開始練習手拿竹竿而不晃動，再來就是將彈珠置於竹竿頂端而不掉落，這階段大概捉一隻會逃走一隻，接下來便練習竹竿頂端放置三顆彈珠而不會掉落，此時捉十隻大約會逃走一隻，直到竹竿頂端放置五顆彈珠而不會掉落的階段，捉蟬就易如反掌不會有失手的時候。」孔子聽了連連點頭稱讚不已，學生們更是覺得不可思議，想不到簡單的捉蟬，也要下如此多的工夫練習。老人又說：「這只是手的動作，至於身體要練的像樹幹一樣挺直不動，最重要的便是心要專一，耳朵聽到的只是蟬的叫聲，眼睛看見的只有蟬的翅膀，不管外在環境如何的吵雜，也不能受其影響。如果能練到這個階段，那捉蟬有什麼難的呢？」

的確，做學問、經營事業、拓展人際關係、維護身體健康、修心養性甚至面對生死大事，若能學習像老人捉蟬技術般的投入與專注，何愁沒有成就的一天呢？

社會越進步分工也越精細，因此所衍生出的行業，真是千百種之多，而每個人在選擇行業時，所考量的因素又各有不同，有依興趣、有依專長、有依薪資、有依福利、有依人情、有依發展性、有依現實考量，林林總總諸多原因，但共同的希望則是能有出人頭地的一天，能成為該行的佼佼者，不是有句勉勵大家的話嗎？「行行出狀元。」然而，狀元只有一個，怎麼是他而不是我呢？是我投錯行、是我努力不夠、是我機遇不佳，還是我時運不如人呢？以下提供一些事例供大家參考，想想你一路行來所面臨的處境，與事例中的主角有幾分相似呢？

男怕入錯行

俗話說：「男怕入錯行，女怕嫁錯郎。」因為，在以前的社會，工作轉換不易，男生要是選錯了行業，難以改行；同樣地，從前很少人離婚，所以女生要是嫁錯人，就只能「嫁雞隨雞。」默默承受。當然，現代人不一樣。有人「一年換二十四個老闆。」也有人結婚沒多久，就吵著離婚。不過，無論如何，一個對自己負責的人，應該慎選工作、慎選結婚對象。畢竟，很多時候，「轉換跑道」並不如想像容易……。另一方面，現今的社會，也不僅是「男怕入錯行，女怕嫁錯郎」；反過來說：「女怕入錯行，男怕娶錯妻。」也可以。

阿芳是個循規蹈矩的公務員。從小到大，她總是乖乖聽從父母安排，包括：大學讀什麼科系、參加公職考試，到結婚對象，父母的意見決定著阿芳的選擇。這樣的日子並沒有什麼不好，穩定、平順，人生不就是如此？

直到有一天，阿芳參加社區舉辦的媽媽教室，在那裡接觸了插花。阿芳非常有興趣，所以課程結束後，又到社區大學選修插花課程。阿芳愈插愈好，興趣愈來愈濃。後來，她四處「拜師學藝。」研習各個流派的特色。阿芳已是箇中高手，還多次舉辦成果展。

阿芳的人生因為插花而有了新的體會、新的方向，她不只是以前的阿芳，也不只是單純的公務員，而是一個「花道高手」（這是孩子對她的封號，阿芳很喜歡）。

但阿芳並不以此為滿足，她希望可以開一間花店，每天與花為伍。只是這樣的想法，並不獲得老公支持。

阿芳老公說：「當公務員不好嗎？工作好、有保障。要插在家裡插就好了，妳不也參加社團嗎？這樣的日子不是挺舒適的？妳不要再做白日夢了。」

「現在景氣這麼差，花店開得起來嗎？妳不看看有多少人想考公務員考不上，妳要珍惜才對……」

「要不，等妳退休後再去開花店好了。」

「萬一花店開不起來，妳又沒了工作，家裡開銷怎麼辦？光靠我一個人負擔會很重，大家就準備過苦日子了。」

不僅阿芳老公反對，連阿芳的父母也加入戰局。慢慢地，大家從溝通到爭執，阿芳得不到任何人的支持。尤其是父母覺得阿芳「怎麼變得那麼固執不講理？」

其實，阿芳不是變了，她是「醒了。」她終於意識到自己的存在，知道自己要的是什麼！只是她該如何說服家人？如何展現自己的決心？又該如何「築夢踏實」呢？

附註：問題改善或解決的法事名稱——立牌點燈

知人知面不知心

俗話說：「人心隔肚皮。」光看外表，實在很難看出一個人在想什麼？而且，即使是我們認識多年的人，也會有看走眼的時候。

小莉外表清秀、個性溫和、好相處，從小到大都很有人緣。認識她的人，總會喜歡她，對她產生好印象。

大學畢業後，小莉到一家貿易公司上班。「得人緣」的她很快就和同事混熟，也常獲得同事幫助。小莉覺得自己很幸運，可以和一群善良的同仁共事。

但人真的都是善良的嗎？小莉真的只會遇到溫和敦厚的人？每個人的內心都有無數個面向，是善是惡，繫乎一念。尤其，面對競爭或者利害關係時，還能維持自己的本然善心嗎？

話說，在小莉的同事當中，最照顧她的就屬鳳姐。鳳姐比小莉大幾歲，也比小莉早進公司好幾年。但對小莉並不會擺出「老鳥欺負菜鳥的姿態。」反而對小莉很好，經常指導她工作上的問題。有了鳳姐的教導，小莉更快進入狀況，不到三個月就熟悉整個業務。

小莉逐漸嶄露才能，並且深獲主管賞識，主管也常在老闆面前稱讚小莉。小莉很慶幸自己可以進入這家公司，所以工作更賣力。

接著，小莉不僅獨當一面，還開發了好幾家新客戶。目前她手上正進行著一家大公司的企劃案，如果案子可以做成，往後大公司的進出口都會交由她們公司負責，這可是很大的金額。不但小莉卯足全力，希望爭取到該客戶，老闆和主管也很重視這件案子。為了做成這件生意，同事們也盡量幫忙，尤其是鳳姐，更提供了各種資料、相關企劃，以及同行的參考報價。小莉很感激大家的幫忙，暗自決心一定要談成這筆生意。

無奈事與願違，小莉並沒有接到案子。因為，她的報價比另一同行高了3%。

「怎麼可能？我不是把一些參考價格給你了嗎？雖然不是真正的價格，但也差不多。你是怎麼算的？就算報高了，也不可能差這麼多啊！」鳳姐是第一個發聲的。

小莉心裡很難過，面對著鳳姐的責備，更覺對不起她的好意，以及大家的幫忙。不過，主管倒是安慰小莉，要她再接再厲，不要氣餒。

為了徹底檢討，小莉把之前送給大客戶的企劃案、報價單以及所有資料，重新看過，並逐一整理、核對。這才發現，提出的報價有部分被調整過了。這部分當初不是拜託鳳姐整理的嗎？而且我也核對、更改過，怎麼最後會以討論前的較高價格報出呢？小莉幾乎不敢相信自己的眼睛，會是鳳姐弄錯嗎？小莉繼續看著資料，逐一比對每筆金額，她很快就知道答案。原來是鳳姐暗中動了手腳，扯她後腿。

小莉難以置信，一向最照顧自己的鳳姐，竟然會做這種事。原來同事間的競爭，是在私下較量著。這件事，給小莉上了寶貴的一課。

一盤散沙

調到子公司已三個月了，可是楊副總仍然無法獲得同仁們的認同。事實上，調來之前，楊副總就已知道這是個爛缺。要不是問題嚴重，董事長哪會千拜託、萬拜託他：「一定要幫這個忙。」這可是燙手山芋啊！臨行前，總經理還拍著他的肩膀，半開玩笑的說：「就靠你來起死回生了，否則恐怕會把子公司關掉。」

原來，子公司的人事問題非常嚴重，不僅部門之間互相對立，同單位的職員也彼此不合。因此造成工作績效不佳、士氣低落、業績下滑，整個公司就像一盤散沙，毫無向心力。接連幾年，出現虧損。雖然，總公司一直想改變這個情況，但是連續換了幾位高級主管，卻都沒有起色。所以，總公司的人都戲稱這裡是火坑。到最後，竟沒有人願意來此挽救這幅殘破不堪的景象。要不是長久以來受到董事長的栽培和器重，楊副總也不想淌這混水。

上任前，董事長還特別找楊副總談話，鼓勵他（應該是給他定心丸吧！）：「子公司就靠你來力挽狂瀾了！能改善最好，若真的不行，就把子公司關掉，總不能一直虧損，連累總公司？如果能讓子公司正常營運，以後就交給你負責；要是沒辦法，總公司的副總一職還是要借重你的才能。」這席話，倒是讓楊副總安心不少。

有了董事長的全力支持，楊副總準備大刀闊斧，好好整頓子公司的人事。只是，如果真有那麼容易處理，還會接連「陣亡」幾位高階主管嗎？

三個月來，楊副總雖然毫無進展，但他總算搞清楚是怎麼回事。除了部門主管不合之外，因為工作分派不均、權責不分，造成有些員工承擔較重的工作，有些則可以「混水摸魚」；有些權力大但責任小，而真正負責的人又得聽命這些「位高權重責任輕」者。種種不滿終於形成一股大的漩渦，阻礙著工作的執行，人與人之間也就更無法互相體會、彼此信任。

面對這些積弊已久的問題，面對有如一盤散沙的員工，楊副總要如何取得他們的信任，讓他們相信改革的誠意呢？雖然，楊副總沒有把握改革一定可以成功，但他已擬定好計畫，準備大幹一場，進行改革。

附註：問題改善或解決的法事名稱——設案制七星燈

多花三分鐘感謝

一家日資公司的公關部招募一位職員，最後現場只剩下了五個人。公司通知這五個人，聘用誰得由日方經理層會議討論過後，才能決定。

幾天後，其中一位求職者的電子郵箱收到了一封信，信是公司人事部發來的。內容是：「經過公司研究決定，妳落選了！但是我們欣賞妳的學識、氣質，因為名額所限，實是割愛之舉，公司以後若有徵人名額，必會優先通知妳。另外，為感謝妳對本公司的信任，祝妳開心！」

她在收到電子郵件的那一刻，就知道自己落選了，感覺十分傷心，但她另一方面又為外資公司的誠意所感動，於是便順手花了三分鐘時間，用電子郵件給那家公司發了一封簡短的感謝信。

然而兩個星期後，她收到那家日資公司的電話，說明經過日方經理層會議討論過後，她已被正式錄用為該公司職員。後來，她才明白，原來這是公司出的最後一道考題。她能勝出，只不過是因為多花了三分鐘時間去感謝！

附註：問題改善或解決的法事名稱——讀祈願文及辦理禮斗法事

令師長頭痛的小強

小強的父母是辛苦的勞工階級，為了維持家庭開銷，父母必須勤奮工作，以雙份的薪水勉強維持家庭開銷。從小時候開始，小強的父母因為工作的關係，對於小強的照顧，總是因為忙而較疏忽了些，而小強從讀小學開始，就因為父母疏於管教，對於上課讀書一點興趣也沒有，以致於成績在班上後面算來名次都很高，成了老師眼中讀不好書的學生，師長緣不佳。

上了國中以後，因為就讀學校的關係，交了許多壞朋友，抽菸、嚼檳榔、打架樣樣都來，以致小強經常到訓導處報到，也成了老師眼中的問題學生，讓學校頭痛不已。大錯不犯，小錯卻不斷，三年的國中轉學很多次，讀到快要沒有學校讀，還一直無法畢業，勉勉強強一直撐到畢業。畢業後因成績不理想，考不到學校可以讀，讓小強的父母很擔心，面臨是重考還是要去當兵的抉擇。

附註：問題改善或解決的法事名稱——辦理制七星燈法事

第三節

家家有本難唸的經——對家庭的影響

楊女入嫁夫家數十年，在這幾十年的歲月當中，經常與夫君與公婆為區區小事爭的面紅耳赤、吵的不可開交，有時因自己的執著而不善罷甘休，有時因自己的無名而不惜關係決裂，甚至因自以為是的態度而造成難以彌補的遺憾。有一天楊女自外返家，剛踏進家門就看見客廳的桌上擺著一包禮物，而此禮物看起來滿貴重的相當有價值感，打聽之下得知是公婆叫夫君去買，要給已經嫁出去的小姑，此消息對楊女而言真是晴天霹靂，莫名瞋怒之氣心中燃起，心想夫君與公婆何時對我如此好過，何時曾買過如此貴重的禮物給我，對小姑竟能如此大方慷慨，於是衝進房內與夫君理論爭吵，夫君覺得妻子真是無理取鬧莫名其妙，於是憤怒激動的指責妻子的不是並痛罵一番，此時楊女更加抓狂，甩門而出頭，也不回的往外衝，說時遲那時快，就在衝門而出的當下，被右側的來車撞得支離破碎，當場身斷魂飛。

楊女死後才得知，公婆和夫婿所買的禮物，乃是因小姑公公生病住院，公婆要帶此禮物去探視慰問，真是錯怪公婆和夫婿呀！真是悔恨交加呀！然而錯誤既已造成，又如何能回得了頭呢？

俗云：「忍一時風平浪靜，退一步海闊天空。」凡事爭到底則真能得的比別人多嗎？過的真的比別人好嗎？每天握緊拳頭，日子也不會變長；與其痛苦的活著，不如放鬆心情、放下執著，愉悅的過活，不是更舒服、更愜意嗎？婆媳之爭自古皆然，何以如此呢？即是人之心性不夠了然，缺乏「老吾老以及人之老，幼吾幼以及人之幼」的慈悲同理之心所導致。夫之父母若妳能視為自己親生父母一般，則何來家庭之爭戰、婆媳之不合呢？試想，同樣一句話、相同一個動作，若是自己父母所言所做，則妳必是往好的方向去思考，即使是不合情理的，妳亦是能自圓其說、圓滿看待。但若出於夫之父母，則妳心可能先入人於罪，凡事往壞的方向去想。即使公婆真的出於關懷之心亦是枉然。所以婆媳能否和諧相處、能否互相關懷與照顧，非是外在之因能左右，而是決定於妳「心」、婆「心」也！

此則是因媳婦無法以同理之心相待，終導致家庭破裂、枉送性命之事例。以下再提供一些平時即發生在你我身邊的實際案例，希望藉此能提醒你我，並互勉家庭經營是立足於社會的基石，是發展事業強而有力的後盾，「家齊而國治而天下平」你以為呢？

老淚縱橫的豪爸

想到兒子剛出生時的可愛模樣，剛學走路的蹣跚步伐，第一天上學的青澀不安，豪爸很難和現在站在自己眼前的兒子聯想在一起，豪爸疑惑的自問：「他真的是我的寶貝兒子阿豪嗎？」

阿豪是長子，當初產檢一知道是個男娃，豪爸就幫他取好名字，尚未出生，就迫不及待的自稱「豪爸。」因此，從那時起，大家都這樣稱呼他。每當有人叫他豪爸，他就樂不可支。由此可見，豪爸有多期待這個兒子，多看重這個兒子。

因為是家裡第一個小孩，阿豪從一出生就受盡父母關愛。尤其是豪爸，別說阿豪要什麼有什麼，甚至阿豪沒開口，他就買到阿豪面前。豪爸知道阿豪喜歡的玩具、喜歡吃的東西、喜歡玩的電動，只要和阿豪有關的事，他都瞭如指掌。

阿豪不喜歡讀書，「沒關係，行行出狀元。」豪爸如是說。

阿豪找不到工作，「沒關係，你想做什麼，老爸幫你安排。」於是，豪爸四處請託。

阿豪一再換工作，不是嫌薪水低，就是嫌太累。「沒關係，年輕人要多看、多闖。」豪爸不知道這是在安慰自己，還是阿豪。

眼看阿豪已超過一年沒工作，整天遊手好閒，豪媽擔心的要阿豪趕緊找工作。想不到阿豪門一甩，頭也不回的就出去了。一去就是三天，連通電話都沒打，害豪爸整天坐立難安，生怕阿豪有什麼意外。要不是被豪媽擋著，早就報警了。

終於望到阿豪回家，想不到阿豪一開口就是要錢還債。原來阿豪這幾天和朋友去賭博，賭輸了很多錢，不得已只好回家討救兵。

豪爸動氣了唸了阿豪一頓，最後還是把錢拿出來，因為他知道賭輸的錢不能欠，否則後果難料。但這例子一開，再也無法收拾。

有了豪爸這個靠山，阿豪更是沒有顧忌的豪賭。

豪爸從好言相勸，到大聲責罵，都無法阻止兒子賭博。過不了多久，豪爸的積蓄都被阿豪挖空。可是，阿豪卻絲毫沒有收手的跡象，反而要豪爸拿房子去抵押，幫忙還賭債。豪爸當然不肯，在激烈爭執中，阿豪竟出手打豪爸。

豪爸愣住了！自從兒子沉溺賭博之後，兩人的關係愈來愈差，時常大聲爭吵。為了阿豪，自己連老本都沒了，就是想喚回兒子的心。想不到，兒子不僅未曾反省，還常為了錢忤逆自己。現在兒子竟然對自己出手，豪爸幾乎不敢相信，眼前這個人，竟是自己寵愛二、三十年的兒子。不知不覺，豪爸已淚流滿面……

附註：問題改善或解決的法事名稱——祖牌重整

為什麼不得父母歡心

阿容是個忠厚老實、脾氣很好、很有禮貌的年輕人。有一份不錯的工作，以及一個幸福美滿的家庭（和老婆的感情很好，兩個兒子長得活潑健康，非常可愛）。看著幸福洋溢的阿容一家人，真是令人欣羨。

不過，阿容並不像外表那樣快樂。在阿容心中，一直有個難以放下的遺憾，那就是：「阿容從小就不得父母歡心。」

阿容在家排行老二，上有哥哥，下有一位妹妹。不知怎的？阿容的父母就是不喜歡他。雖然，吃的、用的，樣樣不缺，但就是缺少父母的關愛。阿容記得：有一次，他考試考得很好，領了一張獎狀。阿容心想，自己表現這麼好，父母一定很高興。想不到，當他把考卷拿回家時，父母只是輕輕「喔」一聲，便把考卷放在一邊。相較於哥哥和妹妹只要表現得好，總能令父母眉開眼笑，真有天壤之別。

阿容百思不得其解：「為什麼自己在父母的心目中，總是那麼微不足道？」像這樣的例子不勝枚舉。阿容心裡非常難過，但他總安慰自己：「可能是自己太敏感了吧！」直到有一次，阿容不小心聽到媽媽和舅舅的對話。

舅舅勸媽媽：「一樣是自己生的，妳要對阿容多疼愛一些。妳看那孩子這麼乖巧、聽話。」

媽媽回答：「阿容確實很乖，我當然疼。但要像對他哥哥或妹妹那樣，實在很難做到。我和他爸也很困惑，怎麼會這樣？但我們就是無法好好疼他、愛他。我們只能盡力、盡量公平就是了。」

聽到這段話，阿容除了悲憤之外，就是傷心。但他仍然想做個好兒子，仍然想得到父母發自內心的「關愛。」只是到如今，阿容已年過四十，父母對他的態度依舊「平淡。」

「為什麼？為什麼？父母就是偏心，就是不能好好疼愛我？為什麼不論我多麼努力，多麼孝順，總是無法得到父母的關懷？」阿容不斷地、痛苦地問自己。

其實，類似這樣的例子並不少。有的是不得父親歡心；有的是不得母親歡心；有的則像阿容一樣，不得父母歡心。那麼，究竟是什麼原因，造成這輩子「不得父母歡心」的果報呢？

附註：問題改善或解決的法事名稱——祖牌重整

相見兩不願

人與人之間能相處得好、相處得愉快，是難得的善緣，自當好好珍惜。要是真的怎麼看就不順眼，那麼至少做到彼此尊重，別再讓嫌隙加深，也算是不錯。最怕的是：在一起時互相爭吵，分開了也叨唸著曾有的衝突，真是自尋煩惱，何苦來哉？

莉莉和娜娜是妯娌，原本都住婆家。後來吵得不可開交，公公只好分家，讓兩對兒媳分開住，各自生活。

當初，她們還住一起時，常為了家事分擔、生活習慣等問題吵架。後來，孩子紛紛出生，情況變得更糟。光是為了誰打誰、誰搶誰的玩具，到搶廁所、搶電視遙控器，都可以讓大人加入戰局，場面火爆。雖然，公婆多次協調，也請兒子各自和媳婦溝通，無奈非但沒有減輕對立，反而讓心結更為加深。最後沒辦法，公婆只好要他們搬出去，各住各的。

原以為這樣，問題就解決了，卻……

因為，兩個媳婦都怕公婆私底下給對方好處，所以不時回老家探望他們。因此，媳婦倆偶爾還是會碰面，而一碰面就劍拔弩張，搞得公婆不得安寧。公婆經常勸她們倆：「也就妳們兩妯娌而已，又沒什麼深仇大恨，何必弄得這麼難堪？」只是，言者諄諄，聽者渺渺，妯娌間的衝突，毫無減緩。

公公受不了，不悅的告訴她們：「以後你們別三天兩頭往我們這裡跑，大家都忙，省省事吧！更何況妳們一見面就吵，我血壓也跟著升高……」

此後，莉莉和娜娜回老家的時間很「巧合」的錯開了，兩老也落得輕鬆。只是逢年過節，還是會聚在一起。一個是鐵青著臉、一個是頭老抬得高高。原本年節的歡樂氣氛，因此遭到破壞。

婆婆按耐著脾氣說：「怎麼才見面就不高興？話都沒說上呢？我看以後過年過節，妳們也錯開日子回來，免得碰面。」

莉莉和娜娜立刻同聲的說：「好啊！我們也不願見面……」這是她們有始以來，第一次意見相同，第一次說話如此「協調。」沒有爭執。

附註：問題改善或解決的法事名稱——祖牌重整

小惠有個愛喝酒，但不愛賺錢的父親。小惠父親從年輕開始，就很少賺錢養家。家裡的開銷用度，幾乎都是靠小惠母親做手工來支撐。這樣的生活，當然辛苦。但最令小惠一家人痛苦的，並不是經濟上的拮据，而是小惠父親一喝起酒來就會打老婆、罵小孩。有一次，練過拳的叔公看不過，把小惠父親「教訓」了一頓，他才稍微收斂。不過，小惠父親還是一樣：愛喝酒、愛發酒瘋，但不愛賺錢。所以，小惠的家人都很討厭他。

時間過得很快，小惠和兄長們都長大了，當然小惠父親也變老了！不過，由於飲酒過度，所以小惠父親的健康狀況很糟，時常生病。而因為他早已傷透家人的心，所以根本沒人理會，任由其生病受苦。大家嘴裡不說，但心裡都希望他早點死。這也難怪，即使只剩半條命，小惠父親仍然愛喝酒，愛發酒瘋。

這時候，早已遠嫁他鄉的小惠出現了。她帶著父親四處求醫治療，也到處求神保佑。或許是小惠的孝心感動天吧！他父親竟然日漸好轉。知道的人都說：「要不是小惠，那傢伙早就沒命了。」只是，大家在讚嘆小惠之餘，也不禁討論著難解的疑惑？

原來，小惠結婚多年，卻一直無法生育。

大家不解：「為什麼小惠父親這麼壞，卻有個孝順的女兒？而小惠這麼孝順，卻苦於無法生育？為什麼小惠父親這麼老、身體這麼糟，醫生救得了？神明也保佑？但小惠這麼年輕、身體這麼健康，醫生卻幫不了？老天爺也不保佑？」

可是，果真如此嗎？

難道，真像大家所說：「歹竹出好筍」、「好人不長命，禍害遺千年」？

難道，真像大家所說：「有子有子命，無子天註定」、「財子壽，難得求」？

或許，有些事我們想不透；也或許，有些事我們無法馬上得到答案。但無論如何，小惠的孝順，不也帶給大家正面的意義！足以為大家表率！

附註：問題改善或解決的法事名稱——祖牌重整

冤家路窄

阿美是原住民嫁到不是原住民的家庭，阿美的先生是一個體貼太太的好先生，也是孝順的好兒子，結婚後阿美的先生要太太不要再工作了，希望她能在家照顧媽媽及孩子，所以，結婚後阿美和先生、婆婆住在一起。

她的婆婆自結婚前就知道阿美是原住民，所以，對阿美是百般挑剔，總把阿美當傭人般的使喚，不高興時就口出惡言，基至連阿美懷孕期間，還要早早起來煮三餐，清洗全家人的衣物，假日也不准阿美休息，要她去田裡種田。

去年阿美的大伯娶老婆也懷孕了，但卻跟阿美不一樣，大嫂懷孕是有吃有睡不用整理家裡，像個少奶奶般的過好日子，但看在阿美的眼裡真的很難過，一樣是媳婦怎麼婆婆對我會有不同的待遇，難道是自己得罪了婆婆卻不知道嗎？

阿美，總在半夜中莫名的驚醒，因為長時間處在恐懼害怕中，所以，阿美也和先生溝通數次，希望能夠搬出去住，但是先生夾在中間，一邊是自己的媽媽，一邊是自己的老婆，實在也難抉擇，先生也只好安撫阿美再忍耐忍耐。

這一天，阿美到市場買菜，和菜攤的老闆娘聊起天來，才發現原來婆媳問題也一直困擾著老闆娘，老闆娘也是去辦理解冤釋結法事，才和婆婆的關係變好。

附註：問題改善或解決的法事名稱——辦理解冤釋結法事

家家有本難唸的經——爭產風暴

小紫的父親本姓黃，過繼給姓廖做兒子。

廖家在台南是大戶，有許多田產，一部分給祖母家（劉家）的親戚耕種，因為黃家將兒子過繼給廖家，所以廖家也撥出一些田地給黃家耕種。

小紫的父親因廖家全力的栽培，所以國中畢業後即到台北讀書，甚至娶了一位醫生世家的美嬌娘。

小紫家有三姐妹，大姐已嫁人，但娘家的大小事都要管，甚至還讓她先生插手，而小紫的妹妹是自閉兒。

因為小紫家境優渥，就算沒有男丁，但也安穩度日。唯年前小紫的媽媽經醫生診斷為癡呆症；半年前，小紫的父親也因身體不適住院，小紫每天台中、台北通車到醫院照顧父親；父親在加護病房期間，因小紫大姐的堅持，她們還透過關係請師父到加護病房用氣功為其父親加持，但小紫父親的病情仍無起色，日益嚴重，在住院的期間也因感染而連開五次刀，小紫的大姐不斷的在醫院大吵大鬧，責怪醫生怠忽職守……，直到上個月底小紫的父親過世。

更令人不可思議的是，小紫的父親一過世，廖家及黃家所有的親戚，都來捍衛自己既有的權益，爭地爭房產，甚而小紫的大姐、姐夫、姐夫的大姐都出手來搶財產，小紫一人欲哭無淚，不禁直問——到底哪裡出問題了，父親都還沒出殯，母親癡呆、妹妹自閉兒，家裡每天吵的都可以拍連續劇了。

最後是小紫的舅舅與阿姨出面來協調，表示廖家的田產就維持現狀，至於小紫媽媽及妹妹的財產由小紫監護，小紫將母親接到台中，白天送日照中心，晚上接回家照顧，妹妹則由她自己選擇要留在台北，還是跟小紫到台中。

但事情仍未結束，因為小紫的大姐不放手，總覺得她是家中的長女，所以母親與妹妹的財產要歸她監護，每天打電話到小紫的辦公室吵鬧，截至目前為止，這段爭產風暴還在持續當中⋯⋯。

附註：問題改善或解決的法事名稱——辦理解冤釋解及祖牌重整法事

第四節
雙人枕頭——對婚姻的影響

關於夫妻子女家人之爭吵，有時賭起氣來甚至比外人還嚴重，就有這麼一則故事：從前有一對夫妻拾得三個蘋果，每人各分一個後，還剩下一個。此時先生就說：「我在外面辛勤的工作，這個蘋果應當給我吃。」妻子亦不相讓的說：「我每天做牛做馬的做家事，煮飯、洗衣樣樣皆來，我比你更辛苦，這蘋果理應給我。」夫妻兩人你一句我一句互不相讓，最後協議說：「從現在開始，誰先出聲音就算輸，蘋果歸贏的人吃。」從此夫妻不再言語。有一天晚上來了一位小偷，小偷偷完東西要走時，發現兩夫妻很安靜的坐在客廳，竟然默不出聲。起初小偷還有所顧忌，但因兩夫妻皆不講話，小偷就更加大膽了。於是開始非禮那個妻子，妻子實在忍無可忍大聲喊叫：「非禮啊！小偷啊！」小偷被這突如其來的舉動驚嚇到，連忙逃跑。此時妻子對靜默在一旁的先生怒罵道：「你這死沒良心的，小偷偷東西不出聲也就算了，你竟為了一個蘋果而眼睜睜看著我被非禮。」丈夫聽後不但無動於衷，還拍手道，「妳才是笨呢？妳已經先出聲音，所以這個蘋果我吃定了！」

看完這則小故事，覺得不可思議或難以理解。但這種芝麻小事、為蠅頭小利之爭的家庭，存在於當今社會還真的不少啊！

人之一生，依於功名利祿、恩怨情仇，也因不斷的追求，所以在不知不覺中造下了無數的業；就以情的纏牽為例，情能使人奮發向上，勇往直前，俗言：愛情的力量，小卒也會變英雄；但情關亦會使人墜入萬丈深淵，終至無法自拔，真所謂自古多情空餘恨。古聖曾言：「夫妻是緣，是善緣是惡緣，無緣不聚；子女是債，是還債是要債，無債不來。」今世能成為夫妻、父子，不論是善緣或惡緣，亦不管是要債或還債，皆應隨順其緣，珍惜當下之情緣，以感恩圓融的心，相互提攜，互勉共勵，化去累世之纏牽與不足，期盼無債一身輕，更盼望每對「百年修得共枕眠」的夫妻，能珍惜得來不易的姻緣，互敬互愛相互扶持，歡歡喜喜、甜甜蜜蜜、和和氣氣的共度美好人生。

拳頭不該對著家人

世上還有誰比家人還親呢？因此，我們不僅要愛護家人，珍惜家人，甚至還要推己及人，把「別人」當作家人一樣關愛。這就是「老無老以及人之老，幼無幼以及人之幼」的道理。只是，有些人不但不懂善待家人，更對家人暴力相向，實在不應該。

勇伯又在發酒瘋了，可是現在沒有讓他打的對象，因此他只能摔東西發洩。而面對空蕩蕩的房子，勇伯能摔什麼？說實在，根本沒人在乎勇伯摔什麼？因為，勇伯遭眾人排斥，連家人親友都唾棄。勇伯很可憐，是的！但「可憐之人，必有可恨之處。」

年輕時的勇伯機智過人、身體強壯，加上少年得志，不到四十歲已有數千萬財產，因此意氣風發……還有點目中無人。事業有成的勇伯，不懂珍惜手上擁有的財富與強健的身體，開始紙醉金迷的生活。不但夜夜笙歌，還喜歡賭博。勇母看著勇伯生活愈發走樣，卻無能為力。因為，勇伯不聽任何人規勸，尤其如果勇母稍微多話，勇伯就大聲斥喝，甩門而出，幾天不回家。勇母

傷透了心，可是為了小孩，「只好」忍耐。

縱有萬貫家財，哪禁得起勇伯揮霍？

勇伯愈賭愈大，愈輸愈多，脾氣也就愈來愈壞。每回賭輸，勇伯就把怒氣發洩在孩子身上，稍不如己意，即嚴厲責罰，動手管教。勇母出言制止，想不到勇伯反而打勇

母……

那段家暴的日子，毀了勇伯原本穩定的家庭。勇母、孩子都不喜歡勇伯、討厭勇伯。可是這樣的態度，反而激怒勇伯，換來更多毒打。雖然勇母想要離婚，但她希望給孩子「完整的家。」所以忍氣吞聲，盡量避開勇伯。只是勇伯非但不領情，還故意找碴，常鬧得家裡雞飛狗跳。直到有一天，孩子一個逃學，另一個沉迷網咖，勇母才發現：原來自己為了孩子忍受丈夫暴力，反而是在傷害孩子。經過和孩子長談，她知道孩子早就希望父母可以離婚，各自生活。勇母終於下定決心離婚。說來令人心酸，勇母很快就收集到多張驗傷單，也申請保護令。沒多久，法院判准離婚。

勇母和兩個孩子被勇伯趕出家門。雖然他們什麼都沒有，卻有彼此緊密相連的心。再加上親朋好友幫助，所以很快就適應新生活。勇母經人介紹，有了穩定的工作，兩個孩子也不再逃學、沉迷網咖，反而變得乖巧懂事。反觀勇伯，生意失敗了，整天只是喝酒。偶爾打零工賺的錢，不是買酒喝，就是賭博。對於勇伯這樣的下場，沒人同情。勇伯沒有家人，沒有事業，沒有朋友。於是，酒愈喝愈多。

婚姻難「忠」

俗話說：「十年修得同船渡，百年修得共枕眠。」能結為夫妻，必有深厚的緣分，才會共結連理，因此，自當好好珍惜。不過，並非每對夫妻都能幸福美滿，白首偕老。因為，「家家有本難唸的經。」每對夫妻要面對的考驗各自不同，是否能通過考驗，相守到老，則造化各有不同。

小美是個年輕漂亮的研究生。不僅外表姣好，脾氣隨和，學歷也高。再加上，她的父親是政界響叮噹的人物，因此，當小美一拿到碩士文憑，立刻就有很多人來「牽紅線。」

其實，小美在大學時就有過一段戀情。只是，後來男友去當兵，喜歡上單位的女同事，因此結束愛情。失戀的傷痛難以撫平，即使經過兩年，小美仍無法走出情傷。所以，當親友們熱心介紹對象時，小美總是藉故推辭。若無法推辭，也都隨意吃個飯，應付了事。直到認識阿忠，小美才重新打開心扉，接受感情。

阿忠是位醫生，高大英俊，很健談，父親又是大地主，和小美可說是郎才女貌、門當戶對。最重要的是，彼此觀念相近，容易溝通，而且相處融洽。於是，他們交往一年後，就結婚了。

婚後，兩人過了一段幸福美滿的日子。直到有一天，小美發現阿忠竟然背著自己和同事大搞婚外情。剎那之間，小美彷彿從天堂跌落地獄，萬分痛苦。她悲傷、憤怒，幾近崩潰。同時，也再度勾起前男友變心的往事，更加深小美的痛苦。小美失魂落魄、喃喃自語地唸著：「阿忠、阿忠，對自己的婚姻不忠……」想著丈夫的名字，小美更覺諷刺。

面對瀕臨破碎的婚姻，以及一再遭到背叛的感情，小美亂了方寸，不知如何是好？她該如何處理丈夫的外遇？又將何去何從？

附註：問題改善或解決的法事名稱——播種植福斷桃花

不能說的祕密

劉先生和劉太太結婚七年了，劉先生是在某大學任教，劉太太是人人稱羨的家庭主婦，育有一對子女，生活品質佳，夫妻感情的經營也都保持的相當的默契，日常作息也都正常，兒女也乖巧聽話，劉先生也常利用寒暑假帶著妻小到處旅遊。

有一天，劉先生回到家告訴劉太太說：要到大陸北京××大學做學術研討大概要一個禮拜，劉太太無多慮，也幫忙劉先生準備了日常用品、換了美金和人民幣，也到廟裡去拜拜求平安，希望劉先生能一切順利。

一個禮拜過去了，劉先生回國了，但是，劉太太發現劉先生的態度好像變了，經常講電話或是上msn，劉太太問是誰打來的或是和誰在線上，劉先生總是回答是學校的同事，甚至到了就寢時，劉太太對劉先生做出親密的舉動時，劉先生總是回答太累了或找任何理由回絕了。

這一天，劉太太在劉先生的記事本中，發現了「劉××我愛你」的字跡，她心頭震了一下，這是怎麼回事，難道我的先生他外遇了，心中矛盾與悲憤一起湧上心頭，該怎麼辦？劉太太不敢張揚，她從電話及先生同事的口中隱約發現了第三者，劉太太冷靜思考好久，她不願放棄這一段婚姻，她要捍衛家庭，她要挽回先生的心……

附註：問題改善或解決的法事名稱——辦理斷桃花及化解冤結法事

為什麼？我是養女的命！

秋嫻小時候，因家境貧寒送給人家做養女，因為是養女家人對她並不疼惜，小時候家中大大小小的事都由她來做，為了逃離沒愛的家庭，便離家出外工作，因沒有讀書所從事的工作是水泥工，既辛苦又累，在工作當時遇上老公阿源，因阿源對秋嫻很好，也很關心噓寒問暖。讓從小就缺乏愛的秋嫻覺得遇到對的人。

不久阿源的父母便到秋嫻家提親，當時秋嫻才十九歲；因為是養女，家人也沒反對，所以秋嫻與阿源結婚組織一個小家庭，婚後阿源認真工作，因秋嫻從小是養女所以她渴望家的幸福；阿源是工頭每天要打點工人的工作，雖然忙碌與秋嫻的感情很好，接連生下兩男一女；就在小兒子三歲時，阿源因生意失敗，經不起債權人的追討與恐嚇，喝農藥自殺身亡；當時秋嫻才三十歲，婆家的人認為是因娶了秋嫻，沒有幫夫運，阿源才會走上自殺的路。

秋嫻一個人眼淚往肚子吞，她沒有多餘的時間去怨恨自己的命運。因為她有三個小孩要養，所以身兼三個工作賺錢拉拔三個小孩長大成人。三個小孩長大後外出賺錢，因為要繳房貸，所以也沒有辦法給秋嫻零用錢，所以現在也要自己賺錢養活自己。

女兒嫁人，遠在屏東，所以也很少回來，大兒子今年已近不惑之年未婚。小兒子雖然結婚，但女方是離婚又帶一個女兒，現在又生下一個兒子，由岳母帶，每個月給一萬元，但是岳母認為太少，小倆口常常為了金錢吵架，因此小兒子常常心情不好，喝酒鬧事常進出警察局。並告訴母親他可能會和爸爸走上相同的路，秋嫻很擔心，心想自己的命為什麼這麼不好，小時候送人當養女吃很多苦，結婚不到幾年光景，先生卻生意失敗自殺。自己辛苦賺錢拉拔三個小孩，因為自己不識字很辛苦。孩子雖然長大，卻還要鬧事讓自己煩惱。

附註：問題改善或解決的法事名稱——辦理祖牌重整及祖先超渡法事

歡喜冤家？

俗話說：「十年修得同船渡，百年修得共枕眠。」相愛的兩個人結為夫妻，到底會如童話說的：「從此過著幸福快樂的日子。」或者，像某句歌詞所描述：「相愛容易，相處難。」

盛哥和盛嫂是在醫院認識，當時的情形是：盛哥的父親、盛嫂的母親開刀住院，恰巧兩人住同一間病房。盛哥和盛嫂為了照顧自己的父、母親，所以天天往醫院跑。因此，他們有機會認識、聊天、進一步交往。

盛哥、盛嫂都很孝順，做人也實在，所以雙方家長非常滿意，慶幸可以結這門親。於是，帶著大家的祝福，兩人高高興興地步入結婚禮堂。

只是，兩人實在太愛吵架。從蜜月到哪裡旅行，至預算多少，都可以爭的面紅耳赤。別人還有三個月的新婚期，他們是自從結婚之後，就難得有一天「休戰。」雖然，家人、朋友常勸他們以和為貴，各退一步，但效果有限。心情好的時候他們會說：「我們倆是愈吵感情愈好。」心煩時他們會說：「自己不長眼，才會看上對方。」好在這吵吵鬧鬧，不至於太嚴重，最後總是「床頭吵，床尾和。」

不過，隨著孩子出生，他們吵的事情更多了。包括：小孩怎樣養、怎麼帶，到家事重新分配，作息如何調整，雙方互不相讓。有時吵的太大聲，還會嚇得小嬰兒嚎啕大哭。

盛媽常勸他們：「你們就不能小聲一點，要吵到外面去。」但這話盛哥和盛嫂大都聽不到，因為他們的爭執聲早已蓋過其他聲音。所以，最後都是盛媽抱著嬰兒回自己房間休息。

盛哥和盛嫂就這樣吵了大半輩子，小孩都已長大，準備結婚。現在，他們正為了孩子的婚禮如何舉行而吵。大家無奈的看著他們這對「歡喜冤家。」到底是「愈吵愈幸福」？還是「不是冤家不聚頭」？

附註：問題改善或解決的法式名稱——禮斗

難兄難弟

小陳一無所有的搬回老家，才見到來開門的大哥，再也忍耐不住，痛哭失聲。

原本，小陳是家裝潢公司的老闆，公司經營的有聲有色，獲利不少。但因為投資股票失利，欠下大筆債務，小陳只好把公司賣掉還債，卻仍不夠清償。眼看著房子、土地等不動產極可能被法院查封拍賣，小陳的太太建議：「為了孩子、為了我們的生活著想，你把名下所有財產都過戶給我，然後我們再辦理假離婚。當然我們還是住一起，一切的生活都沒變，只是名義上而已。這樣不但可以保住我們的家庭，以後你好東山再起，孩子才不會跟著吃苦。」小陳覺得老婆的「脫產計畫」很有道理，於是立刻進行他們的「假離婚，真脫產。」只是，萬萬沒想到，小陳老婆一達到目的，就翻臉不認人，要求小陳搬走。因為，他老婆擔心外面的債主不放過小陳，會干擾到家庭和孩子的生活；再者，這幾年小陳夫妻的感情不睦，夫婦關係早已名存實亡，所以現在小陳老婆一拿到財產，就不想和小陳生活在同一個屋簷下。

小陳沒想到老婆會這樣對待自己，他心痛的揹著行李回老家。現在，小陳除了一身債務，什麼都沒有。

陳大哥看到小陳哭的很傷心，很能體會。因為，陳大哥在兩年前也結束了多年的婚姻。

陳大哥是成衣中盤商，整天在外跑業務，認識很多人。尤其服飾店通常是女性顧店，因此陳大哥有不少女客戶。或許是日久生情吧！陳大哥喜歡上一位女客戶，進而發生婚外情。這件事很快被陳大嫂發現，並走上法院。陳大哥很後悔，不想失去家庭，更不想失去子女的監護權。於是，為了表達誠意，讓太太覺得「有保障。」便將名下的房子和車子都過戶給太太。原以為事情可以就此平息，但想不到太太自此變得尖酸刻薄，整天找陳大哥麻煩，數落他的不是。陳大哥為此幾乎快得憂鬱症，只好同意離婚。

小陳和大哥同坐客廳，看到彼此的遭遇，只能自嘲是「難兄難弟。」

陳大哥以過來人的身分拍著小陳的肩膀，安慰他：「不就是離婚嘛！想開一點，路還是要往前走。」

附註：問題改善或解決的法事名稱——祖先超渡

第五節

多少柔情多少淚——對感情的影響

自戕生命莫怨嗟
可曾憶念父母恩
墮入無間悔不及
哀嚎求救奈何焉

這不是在說相聲，也不是相聲出場時的定場詩，它是城隍尊神對自戕身軀，自我了斷的魂所做的訓誡，值得我們引以為戒深自警惕切莫重蹈覆轍，否則後悔又能奈何！

話說：南部有一位楊姓女子，考上大學後為免舟車勞頓，學校、家裡來回奔波，父母同意其搬至學校宿舍居住。大學階段學費昂貴再加上生活及住宿費用亦花費不小，對父母而言實在是一大負擔，然而父母不想讓女兒有所憂煩操心，只希望女兒能安心讀書，因此一切的花費開銷都由父母全數供給，也因為如此，所以楊女於大學階段過著無憂且愜意的日子。大一時認識了李姓的同班同學，兩人一見面就情投意合，在一起時快樂又甜蜜，每天幾乎都黏在一起，如此之情不知羨煞了多少同學，歡樂時光總是過得特別快，一轉眼的工夫，半年的甜蜜時光已匆匆而過。而就在此時楊女發覺男友變心了，且又有新交的女友，昔日的濃情密意已成追憶，從前的甜言蜜語已成空話。七月的某天相約欣賞夜景，沒想到男友不但相應不理，竟然還帶著新女友到楊女面前炫耀，並且不客氣的對楊女數落一番，士可忍孰不可忍，楊女怎能嚥下這口怨氣，又怎能默默的承受如此無情的打擊，由怨而恨、由悲而哀、由理智而至抓狂、由瞋怒而至心死，終於在失去理性想不開下，從樓上一躍而下，結束了青春年華。醒知時已是手銬腳鐐的跪於城隍殿前。雖是悔恨不已，然為時已晚，此時已是陰魂一條，再多的悔恨懊惱又能奈何呢？罪罰之受更是難以逃脫。

此女之罪有四：

一、讓父母承受失去女兒的苦痛。

二、自戕身軀了斷生命之罪罰不斷重現，一死十死百死千死般般痛苦再現，無法可令其終止。

三、生前尚未還清的業債，此時一一催討，毫無展延之機會。

四、失去人身魂將無所躲藏，地雷火風無情的侵襲，難以逃避，真是痛苦萬端呀！

「問世間情是何物，直教人生死相許。」在這彼此接觸頻繁的社會裡，人與人由陌生而熟識的機會大增，也因為接觸機會增多，因此便很容易的擦出火花，此火花可能是「有情人終成眷屬。」也有可能是「一失足成千古恨。」更有可能是「兩敗俱傷恨悠悠。」至於會是何種結局，每個人都是編劇，劇本在自己手中，要皆大歡喜為結局的喜劇，還是要悔恨終生損己傷人的悲劇，端看握在你我手中的那枝筆了。

待嫁女兒心──素梅

素梅是一個懂事乖巧的女孩，大學畢業後一直在一間學校當代理老師；因父母年紀較大無法照顧生活家計，素梅必須要擔起家庭的生活開銷，壓力很大，始終不太敢交男朋友，即使有更不敢論及婚嫁；所以交往後都沒有開花結果。後來弟弟漸漸長大後，可以負擔家計，素梅有結婚的念頭，但都因為對方嫌年紀大，沒有結果。經過朋友介紹都交往不久就不了了之。素梅心中很納悶，難道自己沒有結婚的命嗎？每次經朋友介紹都是人家喜歡，她不喜歡，或她喜歡，對方不喜歡，總是沒有對味，還有一次於網路認識一個男友，兩人交往一段時間，也已論及婚嫁。卻發現男友劈腿，傷心不已而作罷！這樣的傷痛用了兩年的時光才走出來，也因為這樣她不想談感情的事。

附註：問題改善或解決的法事名稱——辦理禮斗法事

是紅粉知己還是外遇

當外遇的事件揭露時，也是震驚與心碎的開始，也會陷入痛苦的深淵，很多人會想，天啊！這樣的事怎麼會發生在我身上？他怎麼可以這樣對我？怎麼可以背叛家庭？要如何看待那個曾經是我恩愛的枕邊人？以後我要怎麼跟他相處？該找誰求助？一連串的問號，一連串的該怎麼辦？

張師姐與先生結婚了三十幾年，雖無轟轟烈烈的愛情，卻也恩愛平淡的走過三十幾個年頭，先生任職警界，自己也有一份安穩的工作，育有兩個兒子，原以為此生就可以這麼的平順，但近兩年突然發現先生時常藉口去爬山或是外出……，跟一名女子過從甚密，詢問先生，先生只是回答那是普通朋友，殊不知女人的直覺是很準的，一開始只是懷疑，到後來發現先生穿的衣服是那個女生買的，外出也會幫那個女生提包包，甚至還會瞞著張師姐開車載那女生出去……此時張師姐的震驚與心痛無以言表，卻也不敢告訴任何人，想著孩子都已長大了，要不就成全他們，離婚算了，但偏偏先生又不承認也不願意，懷疑、爭吵、傷心一天過一天。

幸好張師姐沒忘記自己還有宗教信仰，立刻預約叩問，經仙佛查辦指示先生乃是遇到濫桃花，需斬斷桃花，而自己也必須用心去面對問題，多包容多關心……漸漸的才因此而平息了這場外遇的問題。最近張師姐偶然一次因朋友建議改名，但因年歲已大並不想改，可是先生堅持只好順從，張師姐聰明的仍回來請示仙佛是否真要改名，以及改名後該如何？仙佛指示需按一定流程拜祖先、拜地方福德正神呈稟新名從今開始使用，祈請慈悲做主，改過去之不足，成就新的未來，前名若有因有厄有一切不足，從今化解斷除，若前名有良好因緣或功德，請慈悲轉承相續能用，之後要來院辦理解冤釋結設案法事，這一切張師姐都依儀軌辦理了，日前再次因姪兒的問題來叩問，偶然間告訴張師姐一個好消息，因為先生的本命格中會娶兩個太太，就因張師姐無意間這樣改了名字，也無意間改了先生的本格了，這消息著實讓張師姐開心不已啊！

嫁錯郎娶錯娘

俗話說「男怕入錯行，女怕嫁錯郎。」沒錯，結婚是女孩子的夢想憧憬，人跟人之間會在一起有一定的「緣分。」說好聽是緣分，說坦白的是「業債。」曾小姐的案例就是如此，曾小姐的男友劉先生長得斯文俊秀，談吐溫柔有條理，深深的吸引了曾小姐，只是劉先生曾經離婚過，還帶著一個小女孩，曾小姐也不以為這會有什麼問題，因此兩人就漸漸交往了，曾小姐也擔任起溫柔情人兼賢妻良母的角色，照顧起男友的媽媽及小孩，甚至在男友事業上出現了危機，也無怨無悔的協助及支持，但是日子久了，兩人在相處上、孩子的教養上、金錢的觀念上漸漸都出現了問題，兩人開始有了爭吵，這期間曾小姐不只一次的出現離開的念頭，兩人目前尚未結婚不如就好聚好散吧！原本的愛情似乎已不存在了，但不知為何總是心軟的一再走不了，也一再的出面為男友借錢，兩人的事就這麼一直延宕著，直到95年初辦理了播種植福法事，老師指示要祈求良善姻緣，曾小姐心理還在想一段感情就快到了邊緣了，還求什麼良善姻緣？但既然老師這麼指示了一定有它的道理，就順其自然吧！

法事圓滿後隔不久的一天，兩人一次的爭吵後談了分手事，事情就這麼莫名其妙解決了，借出去的錢要不回來就當成是「相欠債」還清了吧！

情到濃時轉為薄—真的是這樣嗎？

好友燕珍的婚姻人人稱羨，雖然老公是職業軍人，每次回台中總是會帶老婆大人燕珍看電影、喝咖啡到處遊玩。遇到假期便帶老婆及全家出國旅遊，在公司真可說「只羨鴛鴦不羨仙」的幸福家庭，還聽燕珍說：老公吃飯後會餵吃水果。甚至連吃西瓜都會幫忙把所有的西瓜子剔除乾淨；出門外出幫忙穿鞋子繫鞋帶，哇！真是超級好老公。

曾幾何時這樣的婚姻竟然會變調，而燕珍是在老公退休後，回台中居住才發現老公竟然有外遇了，剛開始我還勸燕珍，妳會不會弄錯了，但從燕珍的電話錄音中確定真的是有外遇了，經過半年老公要求離婚。但是燕珍認為孩子還小會影響孩子的人格教育，希望老公回心轉意不計較，給孩子一個安定的家。但是老公堅持要離婚，燕珍收集老公外遇的證據後，捉姦在床。以此威脅房子過戶給自己，讓自己和孩子有一個立身安頓的地方。

這件事也到此結束，但是因孩子受到此事影響，女兒開始叛逆功課一落千丈，每天在外遊蕩不回家；屢勸不聽而聯考又失利，於是只能隨便讀一所職業學校，期盼學得一技之長且，畢業後還因卡債問題搞失蹤。小兒子因還小懵懂無知，比較不受影響。長大後事業不順，後來出國遊學，也受阻礙而回國。後經筆者介紹到玄門真宗叩問、辦理法事、每年參加祖先超渡、禮斗法事。經過五六年的時間，女兒現已是新娘秘書，工作順利，聽話乖巧真是判若兩人。小兒子而因外語能力超強在一家知名企業當總裁秘書，人緣也很好，燕珍非常感謝我們夫妻兩人，介紹她到玄門真宗，也感謝教尊的協助。透過很多的法延讓孩子不受業力的影響，現在兩個孩子都有一個安定的職業，家庭生活快樂。

第六節
江山易改 本性難移——對個性的影響

有一女子名叫麗珠，十九歲嫁給一位聰明又喜好交朋友的有為青年為妻，此女之先生家境不錯，生活所需的一切花費從不需麗珠擔憂。丈夫生性好客又喜愛結交朋友，待人非常熱誠，因此年紀輕輕就擔任各種社團的主要負責人。麗珠雖然生有三男一女，但從入嫁夫家後，就經常與丈夫爭吵不斷，所爭吵之事亦都是生活中的一些瑣碎小事，剛開始是與公婆的相處對待關係不佳，經常鬧意見，而每次爭吵後總會向丈夫哭訴，認為公婆對她懷有敵意沒能善待她，而丈夫在聽完妻子的哭訴後，總是勸她要多加體諒與忍讓，畢竟是自己的長輩，沒什麼好計較的。然而丈夫越勸她，她的火氣就越大，總認為丈夫不愛惜她、不體恤她，因此日復一日的口角、年復一年的爭吵，難有寧靜之日，到後來更是變本加厲，誰也不讓誰。丈夫在屢勸不聽、無計可施、百般無奈下，為了家庭的和諧，只好選擇另買房子，搬離父母不再同住。丈夫心想現在沒有與父母住在一起，應該可以終止爭吵，好好過一段寧靜的日子，沒想到寧靜的好日子過沒幾天，麗珠又因丈夫與朋友的交際應酬過多，再次的與丈夫爭論不休，從三五天的一次爭吵到後來的天天理論，真可說是隨時隨地都處於備戰狀態，而爭執吵鬧的原因更有千百種，理由也是五花八門無所不包，為女人、為喝酒、為交際應酬、為太晚回家、為沒回家睡、為講話口氣不佳、為態度不夠體貼、為子女不乖、為錢財不夠用……凡所有一切大大小小之事沒有一件不能爭吵的，由於經年累月的爭論吵鬧，到後來丈夫也累了、疲倦了，不想再多說些什麼，因此，只要一回到家便不言不語，靜靜的坐著，即使麗珠大吵大鬧，甚至破口大罵，丈夫亦是如此，好像事不關己，一句話也不想回應。從此家中雖然安靜許多但亦顯得異常冷清、毫無生氣。有一天，一位女人打電話到家裡邀丈夫出去交際應酬，丈夫接完電話就外出了，一直到隔天清晨才回家。待在家中的麗珠，一想到丈夫與女人出去，再也無法忍受此無情之打擊，衝出家門、坐上南下火車，在火車上的麗珠越想越氣、越想心越痛、越想越怨恨，先生怎可如此待她、怎可如此無情、怎可如此冷落她，為了讓先生自責與後悔、為了了斷痛苦的婚姻與無休止的爭吵，麗珠最後選擇以結束生命的方式來表達心中的不滿、痛苦、怨恨與憤怒。在麗珠的認知，只要結束生命便可一了百了，從此再也不用煩惱與埋怨了。

然而真是如此嗎？麗珠自我了斷後，悔恨痛苦不堪，經神佛轉述其狀況：

此女因自我了斷，魂離身軀後，日日夜夜受地水火風之磨，無法逃避而痛苦難當，又因怨恨瞋怒執著等心中之火，讓自己無時無刻處於猶如自焚般，哀痛而難以逃遁，一怨、一恨、一念都猶如烈火焚燒般的苦痛，後悔當初的無知無名，後悔當初的瞋怨執著、後悔不該自我了斷，此時孤魂飄飄難安，哭絕天地也無人可應。入冥之初即如此苦痛，往後又如何承受得起因業之罰受呢？怨瞋之火，時時自燒，其痛苦無人可令其終止，唯有從知錯、認錯、反省、懺悔中一點一滴慢慢的減少其罪罰之承受。

人的個性，受父母、受師長、受教育、受環境、受前世業力、受朋友、受祖源等等的影響，在這複雜的爐中磨練，有人最後成為有用的鋼鐵，但也有人到頭來卻是廢鐵一堆毫無所用。有謂「近朱者赤、近墨者黑。」環境的一切當然會左右影響個性的養成與人格的發展，然而在大染缸的養成中，自己的思想觀念乃是具有決定性的重要關鍵，所謂「蓮花出淤泥而不染」就是這個道理，環境再艱難、局勢再惡劣，只要正面而積極的思考，則必能如蓮花般突破現有環境的束縛。

樑上非君子

阿成和小武是大學新鮮人，兩人有緣成為室友。不過，因為就讀科系不同，選修的課程差異很大。所以，除了偶爾會一起打球之外，他們很少在一起。但是，關於小武的傳言，阿成還是略有耳聞。

阿成多次聽到宿舍同學說：「小武喜歡偷東西，已經有多人受害。如果不是小武父母一再到學校求大家原諒，並賠償損失，早就被退學，甚至移送法辦了。」由於說的人太多，阿成很難不相信。只是，阿成和小武同寢室卻未曾丟過東西，所以阿成懷疑這個傳聞可能並非真實。阿成嘀咕：「難道是兔子不吃窩邊草，所以小武不偷我的東西？或者其中有什麼誤會，只是大家沒讓小武說清楚。」阿成雖然很想問個明白，但想到自己和小武不熟，實在難以啟齒。

很快地，學期將要結束，小武竟主動找阿成談。

小武：「你應該有聽過關於我是小偷的傳聞吧！」阿成很驚訝小武這麼直接，一時說不出話。

小武繼續說：「其實那傳聞是真的，我的確是個小偷，而且從國小就開始偷。」

阿成瞠目結舌，反應不過來，勉強擠出一句話：「你沒騙我吧！那為什麼我從來沒丟過東西呢？」

小武笑著回答：「事實上，我們住同寢室的第一天，就想找你下手。可是發現你的抽屜都沒鎖，錢包、機車鑰匙也隨便擺在桌上，像這樣伸手可拿的東西，我是提不起興趣的。我偷東西不是為了財物，而是為了享受偷的快感，所以我只偷上鎖或是藏起來的東西。這才叫偷嘛！」阿成沒想到自己懶散的個性，竟成為免於遭竊的優點。

小武接著說：「今天告訴你這件事，主要是因為我要休學了。想到整個宿舍只有你不排斥我，當我是朋友，所以告訴你一聲。」阿成和小武愈聊愈深入。

原來，小武有「偷竊癖好。」偷竊，不僅可以帶給他快感、成就感，重要的那是抒發壓力的方式。小武也不想當小偷，但就是克制不了偷的慾望。小時候，小武媽媽曾經整天監視小武，防止他偷竊。結果一到晚上，小武忍受不了，歇斯底里的做出自殘行為，還因此送醫。聽著小武述說自己的「癖好。」阿成突然升出一股憐憫之心……

附註：問題改善或解決的法事名稱——禮斗

歹路不可行

「世上沒有白吃的午餐。」想要有所收穫，就得付出。如果只想不勞而獲，甚至為此鋌而走險、作奸犯科，不僅有違做人本分，最終還得面對法律制裁。

小沈高中一畢業就出社會工作，但他的工作態度不佳，時常遲到早退，也經常曠職，因此多次被解雇。算一算，小沈的工作年資尚未滿三年，卻已換了十幾個工作。對此，小沈不知檢討，反而把所有問題都推到別人身上。他認為：自己命不好，沒有「富爸爸」；社會不公平，自己辛苦付出，卻只能賺小錢；老闆沒肚量，不懂體恤員工；工作勞累，所以早上爬不起來……。反正，千錯萬錯都是別人的錯，如果自己有錯，那也一定是別人害自己犯錯。小沈怪天、怪地、怪別人，就是不知反省自己。弄到後來，小沈無心再找工作，整天鬼混、閒晃，卻妄想：「哪天交好運，就可以一步登天。」

原本，小沈的積蓄並不多，現在沒了工作，身上的錢很快就花光。不得已，小沈只好向父母要錢。小沈父母看他整天不務正業、不找工作，只會睡覺、打電腦，氣得大罵：「你就只會伸手要錢，也不想想多大的人了，還向父母伸手。要錢，自己賺。你不會不好意思，我們都替你難為情。」小沈覺得倒楣，錢沒要到不打緊，還被數落一頓。於是便生氣的騎機車出門，兜風去了。小沈邊騎車，肚子邊叫，想想：「都一整天沒吃東西了，買個什麼來吃好呢？可是口袋沒錢，怎麼辦？」

有謂「惡向膽邊生。」小沈則是「餓向膽邊生。」為了填飽肚子，他竟然騎車搶奪路人的皮包，路人當然追不上，小沈輕而易舉得手。但小沈還是很緊張，差點喘不過氣來。

拿著搶來的錢，小沈填飽肚子，還買了一隻手機。這是小沈第一次搶劫，緊張、害怕，卻發現：「這種錢，來得很容易！」

食髓知味的小沈，從此只要缺錢就騎車搶劫。他想著：「還有什麼比這沒本生意好做呢？」最後，小沈犯下的搶案，竟多到連自己都記不清。

「夜路走多了總會遇到鬼。」小沈失風被補，鋃鐺入獄。

看著前來面會的父母，小沈羞愧得頭抬不起來，悔恨交加。只是再多的悔恨，也無法抹去小沈的犯行。傷心的小沈父母只能勸誡他：「歹路不可行！希望你出獄之後，可以痛改前非，重新做人。」

附註：問題改善或解決的法事名稱——設案制元神燈

珍愛自己吧！女孩

或許，在放縱的背後，隱藏著不為人知的痛苦。但無論痛苦的原因是什麼，都不應該用更大的傷害來對待自己。這樣不僅於事無補，反而會讓自己陷入更痛苦的深淵。

時間大概發生在民國八十年左右，那時我讀大學，生活沒什麼起伏，整天不是上課，就是跑社團，過得極愜意。一天，學校突然出現一名陌生女孩，沒有人知道女孩的來歷，但是她卻很快地成為學校「名人。」

女孩通常出現在學校的圖書館、餐廳或活動場所。一般來講，她總是面無表情。只是當「目標」——男同學——出現的時候，她臉部的線條馬上就變了。不是變柔和，而是變成挑逗性的誇張動作。想當然爾，每位被她看中的男同學，都會嚇得逃之夭夭，外加一臉驚慌表情。

大家對這位女孩的舉動非常訝異，不解她為什麼要主動投懷送抱？是真的那麼想「男人」嗎？或者是從事特種行業呢？可能是校風純樸吧！當時倒沒聽說有人和女孩發生關係。不過，如果女孩調情的對象是外面的人呢？還會這麼安全嗎？女孩可以「全身而退」嗎？沒有人知道女孩為何如此？也不敢想像女孩的遭遇。

有一天，上通識課程的老師提起這名女孩。讓原本昏昏欲睡的同學，馬上精神百倍。

原來，女孩是高職畢業生，由於成績優異，所以取得參加保送大學的甄試資格。這在民國七、八〇年代，非常難得。當時大學錄取率，以社會組來說，不到四成。如果是插班大學，或保送甄試，錄取率就更低了。因此可以想見，女孩在高職的成績一定名列前茅。當然，女孩的期望及壓力也一定很大。

不幸地，女孩沒有通過保送甄試，因此無法念大學。從那時開始，女孩個性大變，成了大家眼中的「花癡。」到處勾搭男人。我們學校只是其中一站（應該也是最後一站了），其餘不再贅述。

為了避免女孩受到傷害，校方主動和女孩的父親聯絡，並協助將女孩送醫治療……女孩不曾再出現。

事隔二十年，現在已經沒有人因為沒大學念而煩惱了。只是現代的煩惱與壓力，較以往卻更大。

人生會遇到什麼挫折，並非自己所能掌控。但不管面對何種困境，我們都應該珍惜自己，面對現實，迎接挑戰。不是嗎？

附註：問題改善或解決的法事名稱——設案制七星燈

輸掉自己的人生

雖然，每個人都知道「十賭九輸」這個道理，但沉迷賭博的人，卻不這麼認為，他們想著：如果有一天贏了錢，就可以鹹魚翻身、變成有錢人。只是，這些人往往無法如願，甚至輸盡錢財，也輸掉自己的人生。

阿昌從小生活順利。家庭富裕、父母疼愛、功課也很好，大學一畢業就考進知名企業，薪水佳、福利好、有前途。阿昌不到三十歲，就五子登科（房子、金子、車子、妻子、兒子，都有）。

不知什麼時候開始，阿昌喜歡買彩券。他告訴妻子：「如果有一天中了頭獎，那我們就可以退休，還可以環遊世界，做自己喜歡的事。」阿昌老婆回答：「中頭獎當然很好，但我們現在的日子也不錯啊！生活平順，工作穩定，經濟寬鬆……」未等老婆說完，阿昌便插嘴：「妳就是太保守，不跟妳談了。」阿昌繼續埋頭算明牌。

阿昌彩券愈買愈多，而且彷彿上癮似的，整天腦子想的就是彩券，連作夢也在算明牌。

現在，一般的樂透彩券、運動彩券已無法滿足阿昌的「需求。」他開始玩起地下彩券，投注金額也節節升高。當阿昌老婆發現時，阿昌已欠下上百萬賭債。為了還錢，他們耗盡積蓄。

阿昌老婆按耐住怒火：「希望你可以記取教訓，從今以後別再玩彩券，否則這個家遲早被你毀掉。」阿昌哈著腰、賠不是，保證再也不賭。

阿昌轉而偷偷玩彩券，經常一次就輸掉整個月的薪水。沒了錢，阿昌只好到處借。他找各式各樣的藉口向父母借錢，也向親朋好友、同學、同事借。最後，紙包不住火，每個人都知道阿昌嗜賭如命，已到無可救藥的地步。

無論老婆如何吵、父母如何罵，軟硬兼施、費盡唇舌……阿昌還是賭博。最後，工作沒了，婚也離了，父母不認他這個兒子，所有人都對他失望透頂，不想和他扯上關係。

阿昌孑然一身，卻不知悔改。只想著：「哪天要是贏了，變成有錢人，看你們這些人是否還瞧不起我？」

阿昌輸得連三餐都沒著落，只好厚著臉皮向每個認識的人「借錢」買東西吃。阿昌經常只買個麵包裹腹，省下的錢又拿去買彩券。阿昌寧可一天只吃一個麵包，也要投注彩券。這樣的行為看在阿昌父母眼裡，只是更心痛、更絕望。阿昌不僅賭輸房子、車子、工作、婚姻，還賭掉自己的人生。

附註：問題改善或解決的法事名稱——設案禮斗

大多數人遇到困難的第一個反應，通常是想要逃避。這並沒有什麼不對，因為碰上危險想要逃是求生存的本能。只是，在第一個反應之後就必須冷靜下來，看看問題該如何解決？若一味想要逃避，不願面對，那麼久而久之成為個性的一部分，將產生更大的危機。

大林身高一百七十公分，體重卻直逼一百公斤。因為，只要心情不好，大林就想吃東西。透過吃，低落的情緒才得以緩解，這種現象是從大林父親過世才開始的。大林父親過世時，大林才十歲。面對喪親之痛，大林無法表達，也不知如何處理，但他很快就發現「吃」可以緩解內心的痛苦、憂傷。從那個時候開始，大林變得很會吃，也很愛吃。尤其，每當遇到挫折或壓力，更是變本加厲，體重也因而超重。

看著鏡子裡臃腫的身材，大林更是憂鬱，所以他吃得更多，以排解內心的挫折與煩惱。如此惡性循環！

「聽說安非他命可以減肥耶？」大林的朋友如是說。

為了減肥，大林開始吸食安非他命。安非他命不僅讓大林體重減輕，也讓他得到從未有過的解脫。大林愈來愈離不開安非他命、愈來愈依賴安非他命，安非他命已成為大林的避風港。

大林母親終於發現了……

大林在母親堅持下到勒戒中心戒毒，可是才出院沒多久，大林又吸毒。為了買安非他命，大林偷母親的錢；家裡能變賣的東西，都被他偷偷拿去賣掉換毒品。大林的生活愈糟糕就愈想逃避，於是安非他命就吸的愈多。看著自己走樣的人生，大林很想改過自新。於是，他主動要求再去勒戒中心。但是，如同前次，大林很快又回去吸毒，過著沉淪的日子。

大林掙扎著，為了戒毒，他請母親將自己反鎖在房間，可是毒癮一發作，竟然將整個門撞壞，衝出去買毒品。大林努力著，為了戒毒，他參加各種治療團體、支持團體、宗教團體，但最後還是躲回毒品這個夢幻城堡。大林墮落著，為了買毒犯法，入獄服刑。

無論是法律的制裁，親情的呼喚，宗教的慰藉、內心的求生本能……最後，都抵不過毒品的召喚。

大林的變調人生何時才能回歸正途？他已不敢想，也不願面對。為了逃避，大林又吸了一口……

附註：問題改善或解決的法事名稱——設案禮斗

燕子年已三十，但至今為止，卻未曾真真正正上過班。偶爾被父母唸煩了出去找工作，也都石沉大海，沒有回音。燕子一點都不心急，整天只會看電視、睡覺、無所事事，連家務都不幫忙整理。燕子父母看了心煩，只好安慰自己：「至少孩子乖乖在家沒學壞。」

其實，燕子本性不壞，做人老實規矩，唯一的缺點就是懶散。小時候，媽媽要他幫忙買東西，燕子總推三阻四，逼不得已還會和媽媽討價還價，要媽媽給些零用錢。至於燕子的功課，也是拖拖拉拉，直到睡覺前才在藤條的威脅下，匆匆寫完。為了改正燕子懶散的缺點，燕子父母是用盡辦法、威脅利誘，無奈效果有限。最後，燕子父母放棄了，告訴燕子：「你都那麼大了，還這麼懶，以後吃虧的是自己。爸媽老了，總有一天會離開你，到時看你怎麼辦？趁現在為時未晚，你要好好振作。」燕子完全聽不進去，反正家裡還有些田地，省著花是不愁吃穿的。燕子絲毫無法體會父母的苦心！

「天下沒有不散的宴席。」燕子父母相繼過世……。轉眼之間，燕子已經四十五歲。少了父母幫襯，燕子不僅家裡一團亂，而且生活狀況大不如前。只是燕子不以為意，心想：「反正就自己而已，一個人飽全家飽。」

燕子每天都過得渾渾噩噩，環境衛生極差，生活品質也不佳。只是這些，燕子並不以為意，一天度過一天。終於，燕子坐吃山空，連起碼的日常用度都無法支付，只能靠著親友及慈善團體資助。但是，大家實在不懂：為什麼燕子會懶惰到這步田地？

附註：問題改善或解決的法事名稱——設案制七星燈

三寸舌箭

好的話語可以撫慰人心，惡毒的話語則像箭一樣傷人。無論「話」是好是壞，最後往往會回到自己身上。

阿欽嫂說話總是不經大腦，因而時常得罪人；甚至有時還會故意說些難聽的話，讓人難堪。但她不以為意，總說：「我這是刀子嘴豆腐心。」或者：「我只是實話實說。」因此大家都不喜歡阿欽嫂，連丈夫阿欽哥也懶得理她，唯一無法反抗的就是孩子。或許，從小耳濡目染吧！阿欽嫂的兒子講話也和她一樣難聽。例如：看到有人買新車，阿欽嫂會說：「車這麼新，也不怕被偷。」兒子則回答：「是啊！搞不好出門會被刮傷，或與人擦撞呢？」兩人一搭一唱，就是見不得別人好。「好事。」在他們口中都變成壞事，更何況是不好的事。

某次，鄰居阿花的兒子開刀住院，阿欽嫂非但不予安慰，還在旁落井下石：「開刀要小心！可別傷口感染，那可是會死人的。」氣得阿花頭也不回的走掉。

阿欽嫂兒子也不遑多讓，有同學買新手機他會說：「小心被偷。」看到同學換新髮型，則說：「小心太招搖，路上被揍。」

難聽的話，不勝枚舉。只是他們沒想到，地球是圓的，說出去的話繞一圈，往往又回到自己身上。

一天，阿欽嫂接到自稱是警察局打來的電話，說他先生受傷住院，要阿欽嫂趕快去醫院。阿欽嫂以為是詐騙電話，不甘示弱的回嘴：「你家人才受傷住院，你還不趕快去。慢了，搞不好得去太平間認屍……。」對方不等阿欽嫂說完，就掛掉電話。阿欽嫂很得意自己「戰勝」詐騙集團。

不久門鈴響了，才開門阿欽嫂便看到警察站在門口，她心知不妙，立刻奔赴醫院。

原來，阿欽哥開車上班途中與人發生擦撞，對方一下車尚未開口，就拿著西瓜刀猛刺阿欽哥的肚子，隨即逃逸。好在熱心路人報警處理，阿欽哥很快被救護車送往醫院開刀，才撿回一命。阿欽嫂知道事情的來龍去脈，氣得大罵肇事者，並詛咒對方不得好死。

所謂「禍不單行。」阿欽哥的傷口受到感染，幾日高燒不退。阿欽嫂又難過又擔心地想著：「萬一傷口發炎的情況沒改善怎麼辦？萬一引發敗血症呢？阿欽不就慘了。會不會死掉……」想到這裡，阿欽嫂突然發現：「自己幹嘛淨想不好的事？幹嘛詛咒自己的老公？」這是有史以來，阿欽嫂驚覺到自己講話有多難聽。

附註：問題改善或解決的法事名稱——設案制元神燈

酗酒的英叔

英叔是個幽默風趣的人，事業做的很不錯。閒暇之餘，喜歡和朋友喝個小酒。只是，這酒似乎愈喝愈多。從小酌到狂飲；從只在有伴的時候喝酒，到最後，甚至只有自己一個人，英叔也可以喝得酩酊大醉。

英叔愈來愈離不開酒精！

最後，英叔不只是酗酒，甚且還酒精中毒。

因為酗酒，英叔的工作大受影響，事業一落千丈，經濟也出現問題。原本，英叔和英嬸就常為了喝酒的問題吵架，現在事業、經濟又有狀況，他們的架也就愈吵愈兇，愈打愈兇。

受不了英叔酗酒、擔心家庭經濟，以及三天兩頭的爭吵打架，英嬸吞安眠藥自殺了。好在即時獲救，撿回一命。看著英嬸虛弱的躺在病床上，三個年幼子女哭成一團，英叔悔恨交加。於是，他決定戒酒。

只是沒多久，英叔還是抵不過酒精的誘惑，又開始喝酒。接著，英嬸又自殺……又獲救……又自殺……又獲救。英嬸自殺了三次，很幸運地也都獲救。從此，她不再自殺。因為，她決定靠自己的力量，獨自撫養小孩長大。從此，她對英叔視而不見，好像空氣一般。

其實，英叔是想戒酒的，也進出過「戒酒中心」幾次。可是，最後仍敵不過酒精的誘惑，臣服在酒精底下。看著英叔布滿血絲的眼睛、微微顫抖的雙手、走起路來搖搖欲墜，實在很難想像：「過去那個幽默風趣的英叔跑到哪裡去了？」

酗酒不只毀掉英叔的一生，也差點害他家破人亡。但即便如此，英叔還是戒不了酒。事實上，在我們身邊，酗酒的人並不少。尤其因為「酒」衍生的問題，更常在「社會新聞版面」佔有一席之地。或是酒駕肇事、喝酒鬧事，造成傷亡；也有很多因為喝酒誤事，丟掉工作；而妻離子散、英年早逝的，更是所在都有。

附註：問題改善或解決的法事名稱——設案禮斗

第七節

天有不測風雲 人有旦夕禍福——對意外血光的影響

台中大甲地區有一魏姓的少年，十幾年的歲月光陰都在嬉戲玩樂中度過，整天與年齡相近的同伴成群結黨的到處閒逛，真有點「少年不識愁滋味。」今天往東飆車、明天往西鬼混，沒有一天做過正事，反正「你兄我弟」的廝混在一起，只要我喜歡有什麼不可以，一群人之中只要有人提議，不管對與錯、好與壞都是全體一起出動，打架也好、鬧事也罷，無所不做。有一天，一群朋友又相約外出遊玩，當騎車到達巷口時，正巧碰見幫派份子在談判，然而談判中，卻因一語不合而導致談判破裂，雙方群起械鬥，此時魏姓少年與同伴剛好經過，在不明就裡的情況下，慘遭池魚之殃，只見一塊紅磚朝魏姓少年的頭砸了過來，魏姓少年被突如其來的狀況嚇呆，來不及閃躲，當場頭破血流一命嗚呼。

當魏姓少年突然驚醒驀然回首時，只見魂已離身，父母蹲在身軀旁側，痛哭哀傷，而此少年亦不斷在父母身旁吶喊哭泣，然而不管如何的聲嘶力竭，父母卻始終聽不見其吶喊之聲，更甭提有所回應了。魏姓少年茫茫然又不知該何去何從，哪裡是歸處呢？此去又會如何呢？

人生無常世事難料，今日不知明日事，一不留神可能命已歸西，稍不注意可能意外災難臨身，真是「禍福無門，唯人自招。」

青春年少正是人生之開始，美好未來等著伊；然而就因年輕氣盛、血氣方剛，凡事缺乏成年人之深思熟慮、缺少老年人之沉穩幹練。只憑一時之衝動或朋友言語之相激，而為表現匹夫之勇，就無視於父母親人師長之期盼，無視於道德法律之約束，終於鑄下不可原諒之過錯，或惹來殺身之禍，何其悲哀！在他們眼中，朋友義氣擺第一，爭強鬥勝逞英雄。父母之勸嫌其囉唆，師長之言看成嘮叨，益友之勉視為無種。只說：「只要我喜歡，有什麼不可以！」凡事無法靜心反思，只做無謂之爭。何以致此呢？因為在其心中不解生命之真意，不知活著的目的，生活沒有理想、沒有目標，每天只是因循度日，過一天算一天。尤其當學校課業無法達到父母師長之期望時，成就自尊被踐踏了，在同儕中被視為無用之人，在團體中被看成害群之馬。然而在其心中，豈願如此嗎？因而，為了凸顯自己、為了引起注意、為了報復別人如此之待遇，仇恨之心、瞋怨之情油然而生；為了表現自己的氣魄，為了證明自己的存在，飆車、吸毒、打架、盜竊樣樣皆來。青少年之心態，雖言不對，但反思師長對其之教育方式，父母對其生活行為之引導，是否亦值得反省與深思呢？以下即是因無知而鑄成大錯的事例。

小花不幸的一生

陳大旺與黃小花結婚之後，夫妻租一間店面，共同經營水電工程行，夫唱婦隨，一起為生活努力奮鬥，生活雖辛苦，但兩人感情卻是相當融洽，幾年後小花懷孕了，大旺也頗有積蓄，因此，大旺邀約弟弟共同在祖地上重建房子，弟弟也爽快答應，因此，大旺為節省積蓄，部分水電工程都由自己監工承攬。

就在風雨交加的一個夜晚，大旺巡視完工地，準備回家時，恰巧弟弟也來關切，大旺帶著弟弟一邊巡視工地，一邊述說著房子未來的願景，說著說著弟弟腳不慎被絆倒，絆倒剎那間，大旺被弟弟推了一把，便失足跌落而死亡，推倒那一刻，小花正擔心風雨交加，大旺怎還未回家，於是，不放心地到工地找尋大旺，沿著聲音找到大旺，卻看見著人倫悲劇，小花嚎啕痛哭，一口咬定小叔為了個人私利，而將大哥大旺推落，辦完後事後，小叔也霸佔新厝，小花傷心欲絕，只好投奔娘家，與陳家從今以後互不來往，對於陳家祖先更是痛心不認也不拜。

陳小旺在小花娘家成長，生長過程順利，小旺聰穎活潑，成績中平，怎知就在十八歲成年後，終日恍恍惚惚、自言自語、頻說耳邊有人在說話，情緒起伏大時，甚至攻擊小花，求神問卜都說是祖先問題未處理，西醫診斷是罹患精神分裂症，雖然，在服藥下症狀控制了，但小花卻鬱鬱寡歡，這祖先問題該如何處理？

附註：問題改善或解決的法事名稱——辦理祖先超渡及與小叔解冤釋結法事

陰陽的舜間轉換 醒時已是一線之隔

猶記得那年過年是家中親戚來最多最熱鬧的一次，樓上樓下都是打地舖睡在一起，因為舅公、舅舅、阿姨全家大大小小都來南投玩，連平常在台北開計程車、機車行的大舅也很難得相聚在一起，大家歡樂的足跡走遍了南投各個景點。

在這個歡樂團聚之下平常很少話及一生很節省的大舅，興奮的告訴大家元宵節前要帶著兩位寶貝女兒趁寒假開學之前去峇里島玩，這是他第一次出國，大舅開心的與大家分享並約好要為每個人買禮物。

但老天爺似乎和大家開了一個大家都無法接受的事實，就在飛機降落機場前發生空難了，記得那天晚上和妹妹及妹婿看著電視不斷的轉播華航一架由峇里島回台，降落時在大園發生空難的畫面，機上幾乎全部罹難了，這時電話響起媽媽來電告訴我們大舅就在這架班機上，目前生死未明，她要至大園去找舅舅。

空難發生的瞬間醒時已是陰陽一線之隔，因舅舅很幸運在發生空難時身體還很完整，一路的尋找及辨識在隔天早上就讓我們找到他，也因這個傷痛，讓家人陷入愁雲慘霧，每日在傷痛中過活，真是情何以堪！

附註：問題改善或解決的法事名稱——辦理超渡

有驚無險是奇蹟還是神蹟？

很多年前大明的父親發生了一件重大的車禍事故，意外發生時大明的父親車子全毀，且人飛出去整個掉在對方的車上，而後從車頂滾下來最後又滾到對面車道上，當時在快速道路上竟無對方來車。昏倒送醫急救的大明的父親，醒來時卻是毫髮無傷，意識都非常的清楚，大明看到父親發生事故的現場，及當時對方描述車禍發生當下的情形更是驚訝不已，對方是位年輕小伙子，開跑車卻闖紅燈，而且車速非常之快，在這種狀況之下大明的父親仍安然無事，大家都覺得不可思議。

事後大明的父親回想起來，他覺得車禍發生的當下，好像有人將他抱起來而且感覺自己的身體變得很輕，在落地時好像被輕輕放了下來，他覺得這一定有神明助佑。後來大明帶父親請示玄門真宗的教尊，教尊告訴大明的父親說：「這次的意外，是家鄉的地方神祖師公救了他，感謝他一路在廟裡的效勞，除此之外這三年父親的運勢比較低，平常幫人家辦喜、喪事的父親從來不拿紅包，但這次遇到自己運勢低時，就會公親變成事主，才會造成這次的意外事故。」因此，要父親去祖師廟上香拜拜，感謝神佛救命之恩。

附註：問題改善或解決的法事名稱——辦理解冤釋結法事

熊熊大火

「天有不測風雲，人有旦夕禍福」能夠活得平順是很大的福報，也是很多人的盼望。只是，世間事往往出人意料，難以掌控。

廖董是一間塑膠工廠的負責人，工作勤快、守信用，也很照顧員工。所以，公司上下一心，每個人都很努力。因此，公司營運的非常好，業績蒸蒸日上。由於業務增加的速度太快，作業線忙不過來，所以工廠時常都要加班。為了因應日益增加的業務，廖董打算擴廠，他計畫買下工廠旁邊的空地建新廠房。

一切進行的很順利，廖董以合理的價格買下土地。不過，建廠的資金不夠，所以向銀行貸款。由於，廖董信用好、生意佳，因此銀行很快就通過廖董的案子。廖董很高興，終於可以開工。他信心滿滿，等新廠完工，整個公司必定可以有很大的跨越及成長。公司員工也都感染這份喜悅，所以大家工作的愈發賣力，整個公司散發著前所未有的高昂士氣。

只是世事難料，廖董的工廠發生嚴重意外。

事發當日，天氣炎熱，好像火爐一樣快把人烤焦。新廠擴建工程如火如荼的趕工，以便盡快蓋好。可是，天氣實在太熱了，有位工人覺得身體不舒服，所以向工頭報備之後，找了個陰涼的地方休息。休息過後，工人點了根香菸，想讓自己稍微放鬆一下，再回去工作。（雖然工地禁止吸菸，尤其是在塑膠工廠旁邊。但工人想應該沒人看見，何況只是一根菸而已。）

工人抽完菸，隨手一丟，卻忘了把香菸熄滅。由於天氣炎熱，香菸持續燃燒，高溫加上旁邊塑膠桶子的漏油……

工人走沒幾步，桶子就發生氣爆，把他自己炸飛開來。接著，引發更大、更嚴重的氣爆。由於是塑膠工廠，又加上天氣炎熱，火勢一發不可收拾。現場濃煙密佈，氣味嗆人，增加搶救的難度。即使消防車很快抵達，卻無法控制火勢，整座廠房付之一炬。

一夕之間，廖董失去工廠，只剩下旁邊興建中的廠房沒受到波及。只是火災的損失，加上銀行的貸款，廖董瀕臨破產邊緣。

雖然起火原因很快釐清，但是這些損失能向肇事工人求償嗎？工人不僅身受重傷，也無力賠償啊！建設公司呢？大概也負擔不起所有損失吧！

原本準備大展鴻圖的廖董，因為這場意外的火災，陷入絕境。廖董計算著現有資產：土地、興建中的廠房、火險理賠、建設公司的賠償……，又盤算著所有損失、應付帳款……。廖董不禁難過地自問：「我還有機會東山再起嗎？」

附註：問題改善或解決的法事名稱——祖牌重整

第八節

時也 命也 運也 非我之不能也——對運勢的影響

有一個人帶著他僅有的財產——一隻狗、一隻驢子、一盞油燈及一本名為《希望》的書，出門遠遊。

有一天，當他來到一處郊外時，天色已經漸漸暗下來了，他見路旁有一間沒人住的破舊草屋，於是他就決定晚上暫時在此草屋過夜。晚上時分，由於閒來無事且時間尚早，便點起油燈看看書，剛看書不久，就突然颳起一陣狂風，吹熄了油燈。此時，他心想既然油燈已經被風吹熄，那就睡覺吧！然而在睡夢中，他似乎感覺狗被狐狸咬死了、驢子被獅子吃掉了，當他早上醒來發覺所有的事都是真的，不是在作夢，大吃一驚，於是抓著書拔腿便跑。當他跑至村落時，更是驚嚇不已，因為全村的村民，在昨天晚上都被一群土匪殺死了，所有的財物都被洗劫一空。當他由驚嚇慢慢回神後，才發覺自己是何等的幸運，要是狗沒被狐狸咬死、驢子沒被獅子吃掉，那肯定會亂跑或狂叫，那時一定會引來盜匪的注意，說不定自己也會跟村民一樣慘遭殺害。雖然現在失去一切而一無所有，但保住了性命，實在是值得慶幸的一件事，否則，即使所有的一切都完好無損，但卻失去生命，那有何意義呢？此時他看著手上的那本書——《希望》，臉上露出淺淺的笑容，心想「只要活著，就有希望！」

「只要活著，就有希望！」真是至理名言。一個人即使失去了所有的財物、失去了辛苦經營的事業、失去了最愛的親人、失去了生死至交的朋友，然而卻不能失去——希望，因為希望是生命的活水、是再次出發的動力、是身處絕境的救命丹。有了它，人生才會由黑白變成彩色的，朋友！您說呢？

考運不佳

參加律師考試的老吳，從小就立志長大後要當律師，因此他總是努力讀書，不敢稍有懈怠。準備多年，成果如何就看「這一役了。」只是，當拿到成績單的時候，老吳都快哭出來。因為，只差一分就可以考上。不過，老吳很快就調整好心情，他嘆了一口氣，邊苦笑、邊回想：「自己從高中聯考開始，似乎只要面對大考，就沒一次順利的。」

國中時，老吳在全年級的排名從沒掉到十五名外（呵，一個年級將近九百人耶）。本以為高中可以考上第一志願，想不到卻以一分之差，掉到第二志願。為此，導師還特別打電話到他家安慰。上了高中，老吳仍勤奮念書，成績總是名列前茅。原以為必定可以考上心目中的大學，無奈又差了0.5分，只好選擇另一大學的法律系就讀。這次律師考試，想不到又以一分敗北。老吳傷心之餘，不免感嘆自己的考運太差。

老吳決定東山再起，「想想自己從小到大努力讀書，不就是為了要當律師？這次考不好，還有下次啊！至少，實力是在的，相信皇天不負苦心人，只要堅持到底，必定可以達成願望。」老吳不斷地自我安慰、自我鼓勵。

老吳沒有放棄，反而以更堅定的決心，努力讀書，準備考試。隔年，果然以優異的成績考上律師，實現理想。

即使事隔多年，每當老吳回想起自己的考試歷程，還是很慶幸自己最終可以通過考試。因為這些經歷，老吳不但變得更謙虛，也更尊重「命運。」他總愛說：「盡人事，聽天命。」

附註：問題改善或解決的法事名稱——禮斗

衝突背後的原因

「有緣千里來相會，無緣對面不相識。」人與人之間的緣分確實很奇妙，有些人看起來就挺舒服，有些人怎麼看就不對盤；有人可以一見鍾情，結為夫妻，也有人因為看不順眼，遭來橫禍。緣分是一道神秘的課題，需要我們慎重對待。

大牛從小功課就很好，總是自動自發的寫作業，努力讀書，完全不需父母操心。除此之外，他的個性開朗、活潑、熱情，和同學相處愉快，也深得老師喜愛。可是，不知道為什麼？大牛升上高二之後，功課便一落千丈，人也變得沉默，不像昔日光彩。他的父母很快就發現異樣，只是無論怎麼問，也問不出所以然。大牛不是輕輕回答：「沒什麼，只是太累了，想休息。」就是說：「因為還不習慣高二的課業，等過一陣子就好了。」

沒想到，有一天大牛媽媽竟然接到學校通知。原來大牛上課時和導師爆發嚴重爭執，如果不是被同學勸開，幾乎都要和老師打起來。

大牛爸媽急急忙忙趕到學校，只見大牛鐵青著臉、沉默的站在角落。大牛爸媽還來不及反應……大牛的眼淚就奪眶而出，激動地對他們嘶喊：「我不念了，我要轉學……」

原來，升上高二之後，大牛換了新導師。可是新導師不喜歡大牛，常說話帶刺、並且百般挑剔。大牛忍無可忍，終於和導師正面衝突。

大牛爸媽知道兒子沒有說謊。因為，當初他們發現大牛有異樣時，就已暗中向他的一些好朋友探查。所以，對於大牛的情況，有些瞭解。只是，沒想到會這麼嚴重。大牛的父母相當自責，心想：「自己應該早點和大牛談、早點和老師談、學校談。只是談些什麼呢？轉學？轉班？或者是問老師為何不喜歡大牛？問老師要如何才不再討厭大牛嗎？」

附註：問題改善或解決的法事名稱——設案解冤釋結

工作不穩定的阿傑

剛出社會的阿傑，懷抱著滿腔熱血與遠大抱負，希望能找到有前途的工作，發揮專長。不過，他的喜悅心情，很快就因為求職到處碰壁，而跌落谷底。景氣實在太差了，即使阿傑不在乎薪水低，以及工作內容，就是找不到工作。好在「皇天不負苦心人。」半年後，阿傑終於獲得一份由派遣公司提供的臨時工作。

阿傑這時已不計較是否學非所用？是否有發展？只要能找到工作，就已謝天謝地。

因此，對於這份得來不易的「臨時工。」阿傑非但不埋怨，還很珍惜。他認真學習，盡力盡責，心想：「只要好好打拼，或許可以得到老闆賞識，成為正式員工。」果真，三個月後，老闆真的任用阿傑為正式職員。阿傑高興極了！只是，不到一年，爆發金融海嘯，阿傑的工廠因為接不到訂單，被迫裁員。由於阿傑年資最淺，所以也在資遣之列。

失業的痛苦不但沒有將阿傑擊敗，反而激起他的鬥志。因此，儘管景氣仍然低迷，但這時的阿傑已有經驗，再加上和先前派遣公司配合不錯。所以，沒多久，便接到一份新的工作。阿傑滿懷幹勁，「上工去了。」

新公司規模不大，但訂單穩定。只是，老闆沒有聘請正式員工的打算。因此，期限一到，阿傑還是得暫時休息，等待下一次的工作機會。好在，阿傑表現優秀，老闆很喜歡他，所以都能很快回去上班。只是面對這種不穩定的狀況，阿傑不免暗自心急。

「認真工作的人有福了。」一天，老闆找阿傑面談，問他願不願意轉調業務人員，雖然性質不同，但可以成為正式員工。阿傑喜出望外，一口答應。

阿傑全力以赴，認真學習，很快就上手，並且成為優秀的業務員。隨著業績蒸蒸日上，阿傑的待遇愈來愈好，職務也往上調升，甚至還帶起新人。

正當阿傑以為可以平步青雲，隨著公司發展而跟著成長時，新的考驗卻又來到。

因為，國際景氣惡化，阿傑公司深受影響，所以面臨生死存亡的嚴酷考驗。不僅製造部門放起「無薪假。」更傳出財務危機的風聲。面對這波不景氣，阿傑公司是否可以安然度過？阿傑憂慮不安的思索著：「公司會裁員嗎？或者更嚴重呢？」阿傑沒有答案，但已嗅到公司「山雨欲來風滿樓」的氣息。

附註：問題改善或解決的法事名稱——立牌點燈

老闆，請不要忘了我！

珍珍剛進公司的時候是擔任行政助理，那時公司從老闆、老闆娘到工讀生才十幾個人。因為人少，所以熟得快，溝通容易，感情也很好。不久，老闆發現珍珍的特質：「細心、謹慎、誠實、對數字很有概念，而且知道什麼該說，什麼不該說。」於是，便把珍珍調到老闆娘身邊當會計助理，幫老闆娘處理財務會計的工作。

珍珍很快就成為老闆娘的左右手，並且相處愉快。公司業務蒸蒸日上，才兩、三年時間，就擴增為四十幾人的公司。因此，之前的人事制度已不適合現在的營運模式，所以老闆重新劃分部門組織，並調升多人職務。只是，這次的職務調升，珍珍並不在名單之中。

珍珍好失望，同事紛紛安慰她：「老闆一定有安排，妳深獲老闆信任，又是老闆娘的左右手，他們一定不會虧待妳的。」珍珍也是這麼想：「或許，這次老闆娘帶領的會計單位剛成為財務部，所以有很多工作要重新安排，可能過一陣子，就會將我升官！」

只是，左等右等，珍珍就是等不到「財務經理」（由老闆娘擔任）提拔自己的消息。隨著公司業務持續擴展，公司也一直增加人員。目前，財務部已有六名編制，珍珍帶過其中四人。也就是說，除了老闆娘這位「財務經理」之外，就屬自己資格最元老。可是，除了加薪之外，珍珍卻依然「聞風不動。」想想和自己同期進入公司的同事，都已升到課長、副課長，自己卻還在「原地踏步。」不由得焦躁起來。老闆會不會忘了我的存在？而老闆娘呢？我們可是天天見面，該不會對我視而不見吧！

珍珍左思右想，實在不知道為什麼無法獲得升遷。

「公司已超過六十人了，財務部的編制仍在擴編，新的人事晉升名單即將公布……我要不要先去找老闆娘談談呢？」珍珍不斷自問。

千里馬也需伯樂

大偉在原本任職的公司不受主管賞識。雖然，大偉擁有專長，溝通協調能力也很好，是個不可多得的人才。但主管就是不喜歡大偉，對大偉故意冷落、百般挑剔，連升遷都比同期進入公司的同事慢。大偉雖然心裡很嘔，多次想要辭職，但就是不甘心。他希望藉由自己的能力，改變主管對他的態度。

主管就是不喜歡大偉，就算必須藉助大偉的專長，也都僅止於開會時交付任務，連個客套話都不說，和對其他同事比起來，有如天壤之別。為此大偉不斷反省自己：「是否哪裡做錯？或者哪裡得罪主管而不自知。」任憑大偉想破頭，就是不知道自己哪裡不得主管歡喜？

有一次，大偉無意中看到新進同仁的「薪水單。」起薪竟然比自己高。更令大偉不滿、失望。不過，由於薪資在公司向來是「秘密。」不能公開談論。因此，大偉只好按耐住即將爆發的怒氣。他想：「該另謀出路了。」

但是，大偉依然想不透：「為什麼那個主管就是不喜歡自己？」

附註：問題改善或解決的法事名稱——設案制七星燈

第九節

錢到用時方恨少——對錢財的影響

在偏遠的鄉村住著兩個年輕人，一個叫小志，一個叫小向，兩人從小一起長大，而且成為無話不談的好朋友，由於家鄉位處於偏遠山區，因此謀生不易，生活過得相當辛苦，他們倆為了改善生活，突破目前的困境，便相約外出做生意，為了籌措做生意的本錢，於是把田產賣掉，帶著所有財產牽著驢上路了。

他們日以繼夜的趕路，首先去到一個生產麻布的小鎮，小向跟小志說：「這麻布在我們家鄉是稀有且值錢的東西，因此我們如果將所有的錢買麻布回家鄉賣，一定可以賺不少錢。」小志同意小向的說法，於是兩人便將所有的錢買了麻布，並且細心的將麻布綑在驢子背上。有一天當他們到達盛產毛皮的城鎮休息時，城鎮中正在為缺少麻布而煩惱，所以便有商人想以高價向他們購買，小向就跟小志說：「如果我們把麻布賣了換成毛皮，不但可以回收本錢，而且這毛皮也會有不錯的利潤。」小志卻說：

「已經把麻布綑在驢子背上，要再搬上搬下的很麻煩，所以我的麻布就不賣了。」小向只好把自己的麻布換成毛皮，而且除了驢背上的毛皮外，還多出了一些錢。而小志仍然是一驢背的麻布。他們繼續走到一個生產藥材的地方時，因當地天氣異常寒冷，正大量缺少麻布和毛皮，於是小向跟小志提議說：「此地的藥材正是我們家鄉最缺乏的，而且相當的貴，如果你把麻布賣了，我把皮毛賣了，然後換成藥材運回家鄉賣，不但可以救人還可以賺不少錢的。」小志看看驢背上的麻布說：「麻布綁在驢背上已經相當牢固，再說也已經走了這麼遠的路，我不想自找麻煩的換來換去。」於是小向就獨自把皮毛換成藥材，還賺了一大筆錢。而小志依然是一驢背的麻布。後來他們到了一個盛產黃金的城鎮，那城鎮的人都得到一種流行病，並正煩惱因缺少藥材而無法醫治，當他們看見藥材時，猶如見到救世主，都相信病有救了，於是紛紛以大量黃金跟小向換藥材。而麻布在當地也是難得一見，所以也有人想以黃金跟小志換取麻布，然而，小志仍然不願意，所持的理由依然是不想麻煩的搬來搬去。小向除換得了很多的黃金外，又賺了一筆為數不少的金錢。當他們回到家鄉後，小志把麻布賣掉，雖然有賺到一些錢，但根本無法與小向相提並論，小向賣完黃金再加上之前所賺的錢，已經是當地的大富豪了。

相同的人，一樣的外出經商，到達相同的城鎮，遇到相同的機會，走相同的路程，然而結果卻是南轅北轍，相差十萬八千里，為什麼呢？就是心沒打開，而想法與思考模式的不同罷了。有言：「心若改變，態度跟著改變；態度改變，習慣跟著改變；習慣改變，個性跟著改變；個性改變，人生就跟著改變。」要想改變人生，要想突破困境，唯有從習性的養成著手，若能省思並勇於面對改正，相信會有不同的人生。

白費工夫

從事建築多年的張老闆信用好，客源廣。這也難怪，張老闆不僅講信用、顧品質，而且做人厚道，極重義氣。如果遇到週轉不過來時，只要跟張老闆打聲招呼，票期多延個兩、三個月是沒有問題的。因此，大家都喜歡和張老闆做生意，也常介紹客戶給他。所以，雖然景氣不好，張老闆仍然生意興隆。

大家都羨慕張老闆，當然他是實至名歸的，在同行中，誰不推崇張老闆？理所當然，大家覺得他一定賺很多錢。可是，令人想不到的是，現在竟然傳出張老闆發生財務危機。大家議論紛紛，怎麼可能？張老闆生意這麼好，怎麼會缺錢缺成這樣？如果連張老闆都缺錢，還有誰能賺錢？其實，這事張老闆最清楚。

表面看起來張老闆的生意很好，但實際上這些客戶當中，有很多營運困難、經營不善的。因此，連帶開給張老闆的票期，也跟著延長，造成張老闆成本增加、負擔變重。甚至有些本來可以賺錢，卻因為工程款太慢進來，變成虧本；更有甚者，有些客戶直接倒帳，雙手一攤「就是沒錢可付。」試想，現在景氣不佳，利潤有限，哪經得起這邊拖欠、那邊倒帳。因此，外表風光的張老闆，實際上一直都面臨財務吃緊的狀況。現在，又因為一位配合多年的客戶倒閉，積欠張老闆龐大的工程款，已超過張老闆所能承擔。因此，張老闆的財務危機，才會雪上加霜，並且無法隱瞞地爆發開來。

張老闆不斷嘆息，想到自己經營多年的公司面臨解散危機，想著為什麼自己待人誠懇，卻常被倒帳？張老闆更加鬱悶。

張老闆苦笑著：「難道辛苦了那麼多年，到頭來只是白費工夫、只是一場空？」翻著帳本，張老闆看著多年來的呆帳，竟然有好幾千萬。其中，不乏配合多年的老客戶、相識多年的好友、老同學、親戚……。這些人現在過得都很辛苦，所謂「十年河東，十年河西。」當年風光的人，現在多已落敗，哪還收得到錢？

張老闆擔心：「怎麼辦呢？難道自己終會和他們一樣，落個兩手空空的下場？」

附註：問題改善或解決的法事名稱——禮斗

國家圖書館出版品預行編目資料

新地獄遊記—三世因果一世清 / 玄興教尊著.
——第一版——臺北市：宇河文化出版；
紅螞蟻圖書發行, 2012.6
面　公分——（玄門真宗；2）
ISBN 978-957-659-900-2（平裝）

1.民間信仰

271.9　　101009718

玄門真宗 02

新地獄遊記—三世因果一世清

作　　者／玄興教尊
責任編輯／蔡秋生
美術構成／Chris' office
校　　對／周英嬌、楊安妮、玄興教尊
發 行 人／賴秀珍
榮譽總監／張錦基
總 編 輯／何南輝
出　　版／宇河文化出版有限公司
發　　行／紅螞蟻圖書有限公司
地　　址／台北市內湖區舊宗路二段121巷28號4F
網　　站／www.e-redant.com
郵撥帳號／1604621-1　紅螞蟻圖書有限公司
電　　話／(02)2795-3656（代表號）
傳　　真／(02)2795-4100
登 記 證／局版北市業字第1446號
港澳總經銷／和平圖書有限公司
地　　址／香港柴灣嘉業街12號百樂門大廈17F
電　　話／(852)2804-6687
法律顧問／許晏賓律師
印 刷 廠／卡樂彩色製版印刷有限公司
出版日期／2012年6月　第一版第一刷

定價260元　港幣87元

ISBN 978-957-659-900-2　Printed in Taiwan